JN409487

달비 파는 엄마

박미향 수필집

달비 파는 엄마

수필과비평사

| 작가의 말 |

엄마의 삶은 만연체다. 까막눈으로 살면서 자식들을 위해 세상을 향한 까치발로 평생을 전전긍긍한 안필도 여사를 다시 읽어본다. 여자 · 아내 · 어머니인 그녀를.

엄마의 순탄치 못한 삶을 죽도록 원망했다. 시대적인 흐름의 가난은 복선으로 깔렸으며, 친구들과 다른 가족구조가 싫었다. 어머니가 두 분이라는 사실이. 그래서 유년시절에 나는 아망을 부렸고, 스스로 고립을 자처하고 은둔자마냥 살았다. 겉으로는 무관심한 척했지만, 예리한 촉수는 늘 누군가를 겨냥하고 살았다. 은둔자가 할 수 있는 건 뜻 모를 책 속에 파묻히는 것이었다. 까막눈으로 사신 부모님들께서는 책을 보고 있으니까 항상 공부를 한다고 대견스러워까지 하셨다.

글을 썼다. 세상과 엄마를 향한 분노를 글을 쓰면서 차츰 내려놓기 시작했다. 분노가 연민이 되면서 엄마로 향한 가슴앓이를 하게 되었다. 엄마를 위해 뭐라도 하지 않으면 못 견딜 것 같았다. 아마도 노인시설의 어르신들을 보면서 생각이 구체화된 것 같다.

신은 나에게 어쩌면 이리도 소중한 인연을 허락했을까? 정신과 병동 · 노인시설 · 복지원 등 다양한 사람들을 내 가슴에 품게 했다. 지금도 어디의 누군가를 토씨 하나 안 틀리고 머릿속에는 적바림 되어 있다. 그들은 나의 벗들이며, 어쩌면 인생 선배인지도 모른다. 방정식의 해법을 찾듯이 그렇게 이 책의 근간이 되었다.

'진 웹스트'의 '키다리아저씨'는 모든 여자들의 로망이다. 주인공 주디가 글감을 찾다가, 자기가 가장 잘 아는 고아원의 이야기를 쓰는 것을 알았을 때, 이거다 싶었다.

우리의 삶 자체는 누구나 대하소설이다. 하지만 소설은 자신이 없었다. 소설을 향한 꿈은 여전히 진행형이며, 아직도 신열이 나도록 짝사랑을 하고 있다. 대신 소설 같은 수필을 생각했을 때, 머릿속이 그렇게 맑을 수가 없었다. 정말 이제부터 나와의 사투를 기꺼이 감수하겠노라는 비장한 각오를 했다. 안타까운 것은 엄마가 살아 계실 때는 마무리를 하지 못했다. 늦었지만 환골탈태한 엄마의 삶이 녹은 책을 들고 무덤가를 찾아야겠다.

참척慘慽의 고통으로 억장이 무너진 엄마는 피안의 세계에서 안녕하시길!

'만수받이'라는 순우리말이 있다. 매우 귀찮게 구는 말이나 행동을 싫증내지 않고 좋게 받아주는 일이라고 한다. 기꺼이 나는 그들의 절제된 만수받이를 자처하고 있다.

내 글 속에서 지난한 삶이 꽃처럼 피어나기를 바라는 곡진함을 담고 싶었고, 또 굳이 의도된 바를 피력하자면 항상 웃음과 감동이 따라다닌다는 거다. 우린 자주 웃는다. 주책없고 실없어서 웃는 게 아니라, 정말 재미있어서 웃는다.

오늘을 살고 있는 사람들의 표정이 꼭 뭉크의 자화상 같다. 그래서 처처에는, 웃음 · 미술 · 음악치료사 뿐만 아니라 심리상담이 각광을 받고 있다. 이 또한 웃을 수 있는 삶을 위한 발라드이지 싶다.

올 여름, 모 협회에서 주관하는 전국적인 모임이 울릉도와 독도에 있었다. 우리 시설에는 보호자와 같이하는 취지에서 일부 부모님들께서 동행했다. 그 중에 진짜 엄마와 나를 '이뿐이 엄마'라 부르는 하영인(가명) 씨와 2박3일을 같이했다.

장애를 가진 부모님들의 안타까운 마음을 감히 내가 안다고 하면 돌팔매 맞을지 모른다. 통화를 할라치면 스스로 죄인 아닌 죄인을 칭해서 할 말도 다 못하고 끊을 때가 다반사였다. 근데 우리의 하영인(가명) 씨 어머니께서는 울릉도와 독도의 풍광에 푹 빠져서 잠시라도 얼굴에 근심을 잊으셨다. 독도에서는 애국자 되셔서 태극기를 얼마나 흔드는지, 경치가 좋은 곳에서는 수줍은 소녀의 미소를 사진에 담고, 음악공연에는 성의 있게 열광을 하신 그 당당한 모습이 좋았다.

올해는 다른 해와 비해 부음이 잦았다. 문상을 마치고 돌아오면서 드는 생각이, 누구도 피해갈 수 없는 죽음을 맞았을 때는 슬픔이 아니라, 축제 같은 분위기가 될 수 있도록 오늘을 잘 살아 볼일이라는 생각이 들었다.

가장 원초적인 자연에서, 장애인=자연인과 살아가고 있는 나는 사회복지사라는 천직을 허락받았기에 지금이 내 인생 화양연화다.

부족한 원고를 세상 속으로 빛을 보게 해주신 신아출판사께 고개 숙여 진심으로 감사드린다.

2019년 11월, 무서리가 내린 무싯날에

박 미 향

| 차례 |

| 제2장 |

흙, 지게, 요랑(워낭)소리가 삶의 전부였던 아버지

| 제3장 |

안상순 여사의 자식 탐하기

| 제4장 |

엄마의 연리지

| 제5장 |

그들의 씻김굿

| 별책부록 |

01

내 기억의 망루에서 내려다본 엄마

저리 고생 안 하면 못 사나

달캉 달캉 우리 애기 잘도 잔다
새앙쥐도 들락날락하지 말고,
꼬꼬닭도 울지 말고,
자장자장 우리 애기 잘도 잔다

나는 새벽에 자장가를 듣는다. 잠을 방해하지 않기 위해서 아무리 불러줘도 이미 깨어나 버렸다. 단지 꼼짝 않고 누워서 부산한 엄마의 몸짓을 훑어보고 있을 뿐이다.

여명이 희붐하게 엄마 창가에 비쳐들면 장독대 위에 정화수를 정성스레 떠놓고, 두 손을 모아 중얼중얼하고는 하늘을 향해 몇 번이나 절을 한다. 매일 아침마다 하루를 시작하는 감사와 식구들 무사안녕을 위해 치성을 드린다.

엄마는 아침식사 준비와 부엌의 드무에 물을 가득 채워놓는다.

터럭 수건(타월)을 머리에 쓰고, 호미 자루와 소쿠리를 옆에 끼고 날품팔이를 나선다. 개미허리마냥 왜소한 체격은 날랜 매의 모습으로 여명을 밟고 흙 담길 골목으로 빠져나간다. 엄마는 세상을 향해서 길을 나서고, 나는 엄마의 허전한 자리를 채우려고 아버지가 계시는 사랑방으로 가는 동시에 아침의 유랑기는 시작된다.

"너 어매 나갔나?"

"예."

아버지는 주섬주섬 곁을 정리하고 나를 당신 품으로 끌어안는다. 숨이 막힐 정도로 끌어안으면, 몇 번이나 캑캑거린다. 아버지 젖꼭지를 만지작거리다가 아버지 땀 냄새를 맡으면서 다시 잠이 든다.

나는 중학교에 가기 전까지는 이렇게 아버지를 만지고 살았다. 그 세대 아버지들은 딸들을 심부름이나 하는 아이 취급을 했고, 아들과 심하게 차별을 해서 다들 가까이하기엔 먼 당신의 존재였다. 아버지 유난스런 자식 사랑 때문에 동네에서는 팔불출로 소문이 났지만 정작 본인은 전혀 개의치 않으셨다.

장애인 복지시설에 근무하고 있는 나는, '받은 사랑을 돌려주라'는 뜻으로 해석하고 있다. 사회복지사라는 직업은 결코 우연이 아니라는 의미부여를 나름대로 이렇게 하고 있다. 아버지 화수분 사랑과 다정도 병이고, 오지랖이 넓은 엄마 유전인자와 조화를 이뤘다고. 그래서 나는 예쁘지도 않으면서, '이뿐이 엄마'로 불리고 있다.

"가시나, 저는 또 사랑방에 아부지한테 가서 처자빠져 자네."

언니가 질투 아닌 투정 섞인 소리에 잠에서 깨어난다.

"엉가 니도 아부지하고 자라모!"

"싫다. 가시나 니나 자라. 나는 아부지 냄새가 파이다 안쿠나."

사춘기 언니는 결벽증 환자 같은 말을 내뱉곤 했다.

오빠, 언니들이 학교에 가고 친구들과 소꿉 사는 것도 재미없으면 엄마가 일하는 밭엘 찾아갔다.

"저어기 저개 오고 있는 아는 유산띠(유산댁) 망내이 꼭지 아이가?"

"더분데 뭐하러 기나오노? 저 어머이(낳지 않으신 어머니)는 집구석에서 아도 안 보고 뭐하노?"

싫지 않은 기색을 엄마는 늘 이런 식으로 표현을 했다.

한낮의 뙤약볕을 온전히 수건 하나로 받아내고, 뜨거운 지열을 입김으로 토해낸다. 고구마 밭의 김을 매는 엄마는 마지막 한 방울 수분도 땀으로 쏟아내고 있다. 새참으로 나왔던 보름달 카스텔라를 소쿠리에 담아 놨다가 나를 먹였다. 땀을 비 오듯 흘리면서 내 목이 막힐까봐 천천히 먹으라고 하는 엄마가 불쌍하면서도 미웠다. 어머니는 나무그늘 평상에 앉아 살랑살랑 부채질이나 하고 있는데, 엄마는 땀을 뻘뻘 흘리면서 왜 일을 하고 있는지 의문이었다. 꼭 저렇게까지 하지 않아도 사는데, 일부러 저러는 것 같은 생각에 더 미웠는지 모르겠다.

내가 신고 있던 고무신을 벗어 냇가의 깨끗한 물을 받았다. 다

디단 꿀물처럼 마시는 엄마는 마치 빈사의 생명수를 마시는 것 같았다.

"꼭지 너 옴마는 호강한다."

같이 일하는 아주머니들 덕담을 뒤로하고 돌아오는 길에는 생각이 한 뼘 정도 커버린 어른아이가 되어버렸다. 마치 청둥호박처럼 생각이 여문 것마냥.

일곱 살 아이 눈에 비친 우리 집은 이상했다. 밖에서 일하는 엄마, 집에 있는 어머니, 다른 집에는 엄마가 하나인데 우리 집은 왜 둘이나 될까? 말을 할 때부터 이미 낳아준 엄마를 '옴마'라 불렀고, 낳지 않은 어머니를 '어머이'라고 호칭 정리가 깔끔하게 되어 있었다. 부르는 우리들은 하나도 헷갈려 하지 않는데, 정작 듣는 사람들은 '어머니'를 '큰어머니'로 구별할 때가 있어서 속이 상했다.

"꼭지야! 오데 갔다 오노? 올매나 찾았는지 아나? 니 동무들한테 물어봐도 모린다 쿠고. 덥다. 퍼뜩 와서 미숫가루 마셔라."

"안 무끼다. 어머이 니나 무라."

엄마한테 물을 떠다 준 고무신을 홱 벗어던져 버리고 방으로 들어가면 따라 들어와서 나를 달래주곤 했다. 이럴 때는 나의 아망을 방관하지 않고, 야단을 치고 때려 주었다면, 내 고집과 아집은 덜했을까? 어머니는 항상 두루춘풍하여 나에게 기꺼이 만수받이가 되어 주었다. 무조건 내가 원하는 대로 해 주는 게 최고의 양육이라고 생각했으며, 더구나 당신이 낳지 않았기 때문에 더 함부로 할 수 없는 부담감으로 무조건 참고 받아주었다. 이 자식들을 얻기 위해서 생과부를 자처하고, 청춘을 고스란히 바쳤으니까 금쪽같은 새끼들이었으리라.

저녁이 되어서 파김치가 된 엄마는 개선장군의 나팔을 불면서 귀가를 했다. 낮에 실컷 고생하고 말로써 자기 공을 깎아야 직성이 풀리는 엄마에게 가족들은 침묵으로 대했다.

"쎄빠지게 고생하고 와도 어느 누구 하나 반기지도 않는 이 집구석에 와 들어오는지 모리겄다."

박경리 《토지》의 강청댁이, 용이와 월선을 강새암하면서 강짜를 부리는 것처럼. 용이 같은 용한 아버지는 듣고 계시다가 슬그머니 사랑방으로 가 버리시고, 어머니는 우리들을 자신의 품으로 끌어 안는다.

우리 집 평화를 엄마 스스로 분에 못 이겨 깨는 것이다. 일곱 살 아이가 봐도 엄마는 참 희한한 성격의 소유자였다. 누가 아무도 뭐라 하지 않았는데도 항상 피해의식을 가지고 싸움닭처럼 벼슬을 세우는 엄마가 불쌍하면서도 안타까웠다.

그때 엄마 나이보다 많은 내가 정신과 병동 · 사회복지시설을 거치면서 엄마를 돌아봤다. 차라리 엄마가 서슬 퍼렇게 자신의 운명에 대한 항거를 그렇게 쏟지 않았다면 어떻게 되었을까? 길거리에서나, 정신과 병동에서 볼 수 있었던 그녀들 모습에 엄마가 오버랩 될 때가 있었다. 머리에는 갖가지 꽃으로 장식을 한 아다다, 한여름에도 겹겹이 외투를 껴입고는 오한으로 몸을 사시나무 떨듯이 떨고, 입으로 끝없이 중얼거리면서 사람들 시선을 의식하지 못하는 행려자가 내 엄마가 될 수도 있다는 사실을 가정해 본다. 차라리 엄마가 조신한 요조숙녀가 아니었기를 참으로 다행인 이 불편한 진실이 너무나 감사하다.

"옴마! 장에 가모 빨간 구두 사조라! 학교에 가모 구두 신고 가야 된다 아이가"

"가시나야! 빨간 구두 안 신으모 학교 몬 가나? 쎄빠지게 일해서 구두 사 주끼가."

가난했지만 먹거리와 입성은 엄마 힘든 날품팔이로 다른 친구들에 비해 공주처럼 대접을 받고 자랐다. 검정 고무신을, 방구두라 불렀다. 싫증이 나면 냇가에 고의적으로 떠내려 보내고, 꽃고무신으로 바꿔서 신기도 했다. 그것도 싫증나면 운동화를 조르면 내 등쌀에 엄마는 욕을 하면서도 들어 주었다.

결국은 저리 고생해서 살림살이, 형편이 나아지기보다는 자신의 한을 달래기 위한 몸부림이었다. 또한 거역할 수 없는 운명에 대한 순응이었다. 자신의 삶과 닮은 묵정밭을 개간하여, 당신 자식들 희망을 심었던 것이다.

산에는 뭐 하러 가나!

나무를 해서 단단히 묶을 새끼줄과, 더 단단히 묶을 참재굴(밧줄에 자일의 고리 같은 것이 달린 것)과 낫과 갈고리를 들고 산속으로 깊이 들어가는 엄마의 뒷모습은 비장하기까지 했다.

앙상한 겨울산은 엄마의 헐벗은 운명을 그대로 드러내어 죽음을 유혹하기에 충분했다. 너럭바위에 앉아서 간단한 의식을 치른다. 봉초 담뱃가루를 종이에 싸서 구름과자를 몇 번이나 후, 후훅 하고 내뱉는다. 다음에는 뱃속에 있는 응어리를 토해내는, 해녀의 숨비소리를 낸다. 휘이익~ 휘이익 하고는 몸이 전율을 일으키듯 한다. 짧은 두 다리를 뻗고 바위를 친다. 바위 틈 속을 뚫고 난 겨울의 마른 잡초를 머리카락인 양 양손으로 쥐어뜯으면서 포효하는 짐승의 울음으로 절규를 토한다.

"나도 우리 집에서는 귀한 딸로 태이났소. 연지곤지 찍고, 족두리 쓰고 꽃가매 타고 말 탄 서방 따라 시집가서 귀염 받고 삼시로 천금 겉은 남매를 낳았소. 세상 부러울 끼 없었소. 이만하모 내 팔자 상팔자라꼬 좋다 캤는데, 이기 뭐꼬 이기 뭐꼬, 마른하늘에 청천벽력이 우찌 이리 날 수 있다 말이요, 와 하필 거기 내던고. 그 병이 뭣이라꼬, 생떼같이 죄 없는 사람 생목심을 끊어놓고, 낼로 두렁박 팔자로 만들어놨소. 여도 에미고 저도 에민데 생이별을 시켜놓고 가심에 박힌 이 대못을 누가 빼줄 끼던고! 아이구 내 팔자야! 내가 전생에 무신 죄가 많다꼬 이리 살라 하요."

굽이굽이 서렸던 한이 입속에서 튀밥 튀기듯 나왔다.

일부종사 못한 것을 저주했다. 나를 태어나게 해준 감사 같은 것은 애당초에 없었다. 내 출생이 마치 민들레 꽃씨 흩날리듯 뿌려진 자식 같았기 때문이었다. 최고의 뿌리 깊은 원망은, 난쟁이마냥 작은 체구가 감당해야 할 삶의 무게였다. 어쩌면 엄마 고생에 대한 연민을 에둘러 표현한 나의 사랑방식이 미움이었다면 변명일까?

"엄마 딸로 태어나게 해 줘서 고마워. 다음 세상에도 꼭 엄마 딸로 태어날게. 잘 가."

엄마를 태우는 화장장에서 징한 회한의 노래를 불렀지만 아무 소용이 없었다.

한때 노인시설에서 근무를 한 적이 있다. 거기에는 엄마보다 더 사나운 팔자를 가진 어르신들의 공화국이었다. 자의든, 타의든 운명을 거역하지 못했던 그녀들 한을 보면서 내 엄마를 이해하기 시작했다.

우수가 아름답게 드리워진 할머니가 계셨다. 얼굴에서는 전혀 파란만장한 삶이 읽혀지지가 않았다. 세 번을 시집가 끝끝내 버림을 받고 무료 노인시설에서 남은 삶을 의탁하고 계셨다. 설상가상으로 남매는 지체장애를 가졌다. 그들보다 하루 늦게 죽는 소원을 둔 박복녀薄福女인 그녀. 아! 너무나 가엾어서 내 가슴에 끌어안고 눈물을 흘렸다. 그 짧은 순간에 엄마가 지독하게 보고 싶었다. 오늘 보지 않으면 영원히 볼 수 없을 것 같은 절실함으로 밤길을 달려갔다.

"어둑구석에(어두운데) 와 왔노?"

안필도 여사는 분위기 제로, 감정 초치는 데는 일등이다. 그러니까 아버지한테 사랑을 못 받았지. 근데 또 미워할 수 없는 당신은, 그 속에 사랑과 근심이 끈끈히 실렸다는 것. 너무 걱정되고 반갑다는 표현 방식이 남달랐을 뿐이다. 마음은 그렇지 않다는 것을 알면서도 막상 들으면 기분은 좋지 않다. 오지랖이 넓고, 다정도 병인 안필도 여사 강점이 아니겠던가.

엄마도 까막눈이었는데, 거기서 어르신들 한글교실을 맡았다. 퇴사로 인해 끝까지 못해서 정말 죄송하다. 세월이 많이 흘렀으니까 생존의 여부는 가늠을 못하겠지만, 건강을 기원 드린다.

만약에 안필도 여사, 작은 유산댁이 그때 산에 가서 모진 목숨 새끼줄에 묶어 버렸다면? 우리들 성장과 결혼은 보지 못했을 테고, 천금 같은 엄마의 장남(두고 온 아들)은 가슴에 묻지는 않았겠지.

운명이라는 것은 참 얄궂고, 또 얄궂다. 거역하지도 못하게 하면서도, 순탄하지도 않는 것이 무조건 따라야 하고, 때로는 준엄한 신판관이기도 한 이 운명 앞에 누가 감히 삿대질을 하겠는가. 무식해서 용감한 안필도 여사 외에는.

내가 어릴 적에는 삭정이, 깔비(솔가리, 말라서 땅에 떨어져 쌓인 솔잎)가 최고 땔감이었다. 엄마는 나뭇짐을 아주 야무지게 잘 묶었다. 삐죽삐죽 튀어나올 법도 한데 갈고리로 착착 때려가면서 나뭇단을 만드는 것을 보면 지금 생활의 달인을 연상하게 한다. 나는 솔방울을 줍는다고 부대를 들고 따라다녔다.

"저것도 데꼬 온께 다 씰 데가 있어서 좋네."

"옴마! 올 저녁에는 밀째비(수제비) 해 조라."

안필도 여사식 수제비는 정말 맛있었다. 부엌에 큰 가마솥 말고, 옹솥이 있었다. 이 솥은 아궁이를 연결하지 않고 쇠로 된 걸대에 얹었고, 불쏘시개로 솔가리를 했다. 솔가리의 화력은 네팔에서 사용하는 소똥 말린 것에 버금가지 않았나 싶다. 그때그때 간단한 먹거리를 해결하는 간이 땔감용으로 솔가리는 최상이었다. 엄마는 혼자서 불 조절을 하면서 멸치로 우려낸 육수에 얇게 반죽을 한 수제비를 손으로 떠 넣는다. 별다른 조리법도 없는데 그 수제비 맛이 오랫동안 남는 건 아마 엄마라는 세월의 흔적이기 때문일 것이다.

"옴마! 옛날에 산에 나무하러 와 그리 자주 갔는데?"

결혼을 하고 나서 엄마를 이해하려 했다.

"거라도 안 갔으모 화병 걸려서 죽었을 끼다. 두 다리 뻗고 통곡을 해도 아무도 듣는 사람도 없인께, 혼자서 지랄을 하고 오는 기제. 우떤 날에는 딱 살기가 싫어서 저 새꾸(새끼줄)로 목에 감았다가도 새끼들 새까만 눈이 눈에 밟히는 기라. 기중(가장) 망내이 니가 "옴마" 하는 소리에 정신을 퍼뜩 챙기고 안 했나."

"옴마! 아부지도, 어머이도 동네서는 칭찬 받는 사람들이었고, 우리들한테는 또 우땠노? 우리 어머이, 아부지만큼 자식들 사랑하는 사람들을 난 보지도 못했다 아이가. 옴마 니만 갓아서 마음을 지옥처럼 묵어서 그렇제. 아무도 누가 뭐라 쿠지 않았다 아이가."

"야 이년아! 쎄빠지게 키워서 공부시키 났더마 다 소용없다. 다 저 아부지나 저 어머이 편만 들고, 아이구 내 팔자야. 부모 복 없는 년은 서방 복 없고, 서방 복 없는 년은 자슥 복도 없다 쿠더마 거기 딱 내 짝이다."

나는 그때 안필도 여사께 욕을 배터지게 얻어먹고부터는 아버지나 어머니를 옹호하는 말을 엄마 앞에서는 잘하지 않았다.

엄마는 아버지 · 어머니를 마치 자신의 삶에 가해자로 항상 생각했다. 그들이 아니었으면 잘 살았을 거라 생각했으며, 그들이 아니라면 고생도 하지 않았을 것이라 생각했다. 당신이 그들 운명에 끼어들어서 늘 화약고를 안고 살았다는 사실을 인식시키자면, 안필도 여사 입에서는 욕이 풍년잔치가 됐을 것이다.

두 다리를 뻗고 땅을 치며 통곡을 했던 엄마의 산에는 지금은 숲이 무성해서 사람이 범접을 할 수 없게 되어버렸다. 무심히 흐른 그 세월 속에 산도, 나무도 변해버렸다. 엄마의 한은 켜켜이 쌓인 퇴적층처럼 마당 바위에 화석으로 굳어버렸다.

지금처럼 노래방이라도 있어서 유행가라도 실컷 뽑아냈다면 스트레스가 해소되었을까? 그때 내 엄마가 그랬듯이 세상 어머니들이 힘들어도 감히 운명을 거역할 생각을 못하고 살았으니까, 그 속이 타고 또 타서 얼크러져 검댕이가 되지 않았을까 싶다.

엄마가 글을 쓸 줄 알았다면 산에는 덜 갔을까? 그 시대 어머니들이 파란만장한 세월을 글로 썼다면 대하소설은 너끈하리라. 어머니들 삶의 여정에서 우리는 받기만 받고 내리사랑만 하고 있다. 물론 당연한 순리이겠지만, 그래도 그녀들 삶의 만연체 문장에 '사랑'이라는 작은따옴표 하나쯤은 넣어도 좋으리라.

안필도 여사는 팜므파탈이 아니다

이십대 청상과부가 남매를 책임지고 살아갈 길이 얼마나 막막했을까? 차라리 죽고 싶었겠지만 여자가 아니고 엄마였기에 이를 앙다물고 살아내야 했다. 외갓집이 있었지만 그 시대의 법도가 출가외인에게는 관대하지 못했을 뿐 아니라, 다들 살기가 힘들었으니까 여력이 없었다.

아이들을 공부시키기 위해서 촌살이를 접고 가까운 읍으로 이사를 했지만, 농사만 지을 줄 아는 안필도 여사는 이방인이었다. 먼 친척뻘 되는 분이 대야를 이고 생선 장사를 하는 데 따라 나섰다가 낭패를 보고 갖가지 허드렛일을 하고 살 때, 어머니(낳지 않으신 분)로부터 유혹의 손길이 뻗쳐졌다.

"아들을 낳아도."

어머니도 아버지한테 아들을 낳아줄 수 없다는 자신의 결함을 알고 사방에 여자들을 물색해서 연결을 시켰지만 실패를 본 후였다. 자포자기를 하고 있을 때 우연히 청상과부가 된 엄마를 알게 된 것이었다. 서로에게 운명의 상생 고리가 걸려 버렸다.

"어머이는 뭐 한다꼬 아들을 보끼라꼬 그래쌌는데? 엉가(어머니의 유일한 혈육)가 없던 것도 아이고. 그라모 우리는 없었을 꺼 아이가? 우리가 뭐 대단한 가문이라꼬."

이런 출생의 집안이 싫어서 사춘기에 어머니께 궤란쩍었다.

"야야! 아인기라. 내가 너 아부지 대를 끊어 놨다 생각해 봐라. 오데 그런 죄인이 다 있겄노? 그런 일은 있을 수 없는 기라."

엄마가 박색이 아니고, 남자들한테 호감을 가질 만한 미모를 지녔더라면 저리 고생하지 않고 편안한 여생을 보냈을까? 어릴 때부터 엄마가 못생겨서 나도 못생겼다고 배참을 많이 부렸다. 안필도 여사 각시 시절 얼굴은 못 봤지만 내가 본 엄마 중년은 분명 박색이었다. 근데 어느 날부터인가 엄마 얼굴이 달라 보였다. 그게 나만 느낀 게 아니었다.

"엉가! 옴마가 옛날에는 지독히도 몬생깄더마 요새 본께로 할매치고는 몬생긴기 아이다. 피부도 탱글탱글하고, 얼굴도 갸름하고 고생한 거 비하모 안 그렇다 아이가."

"하모! 그쟈 그렇제. 얼굴도 하얗고. 할마시가 좀 예뻤으모 우리도 이래 몬생기지 않았시끼고, 자기도 호강첩으로 갔으모 그 고생은 안 해도 됐시낀데." 하고 코를 헹 푸는 언니에게 엄마 삶이 투영이 됐다.

엄마는 사교성이 좋았다. 시골 의원이나 경로당에 가면 커피 심부름이나 먹는 것 권하기, 따뜻한 아랫목 앉히기 등 발싸심이 타의 추종을 불허했다. 그러다가 오지랖이 넓어 참견을 좋아해서 구설수에도 숱하게 올랐으리라. 하나도 자랑할 것 없는 자식들 자랑에 주변 사람들과 대화를 이끈다. 또 기억력은 지닐총해서 누구 집 제사와 생일, 대소사를 꿰뚫었다. 자신의 날품팔이 날짜를 머릿속에 적바림해두면 한 치의 오차가 없었다. 학교 다닐 때 똑같은 것으로 우려먹지를 못했다. 나도 하도 거짓말을 해서 헷갈려 반복해서 말하면,

"가시나야! 며칠 전에 그거 산다꼬 얼마 안 가져갔나?"

"옴마는 모름시로. 그거는 피타고라스고 이거는 브라우스고."

한글도 모르는데 영어는 더 모르는 엄마를 이리 속여서 그때 뭘 했을까? 아마 주전부리를 제일 많이 했을 테고, 옷이나 책이지 싶다. 특히 엄마한테 죄 지은 게 한두 가지가 아니지만, 이것만은 참 죄송하다. 고등학교 때, 어느 군인과 펜팔(편지로 주고받는 남녀 간의 소통방법)을 하는데 선물을 하고 싶었다.

"옴마! 우리 생활관 입소(여학생들은 예절 · 다도 · 꽃꽂이 등을 배우기 위해서 4박 5일 정도를 집에 가지 않고 단체로 숙식을 함.) 하는데 돈 갖고 가야 한께 조라."

"무신 놈의 그 학교는 날마다 돈이고? 공부를 올마나 비워 준다꼬? 선상들은 그 돈 다 뭐 한다 쿠노?"

엄마는 선생님들은 나라에서 주는 월급을 받는다는 것을 모르니

까 당연했다. 없는 명목의 돈을 만들어서 이것저것 선물을 군인에게 보냈다. 엄마 덕분에 나라에 충성을 한 셈이었다. 답례로 릴케 시집을 받았다. 그때는 이 시집을 나만 받은 걸로 알고 너무 좋아했다. 한참 후에 똑같은 시집을 내보다 세 살 많은 여 조카에게도 보낸 사실을 알았다. 남자에게 향한 배신의 쓰라린 아픔을 생애 처음으로 맛봤다. 아마 날품팔이 이틀은 족히 됐을 돈이었을 텐데 철부지 미련한 짓에 지금도 후회스럽다.

엄마는 아버지를 사랑하지 않았다. 엄마에게 남자는 유일하게 귀밑머리 푼 사람뿐이었다. 이래서 정은 나눠가질 수 없다고 했을까? 그렇게 보면 마음만은 일부종사를 한 것이다.

우리들에게는 자상하고 준수한 아버지였고, 뭇 과부들 가슴을 설레게 한 아버지였지만, 박색인 안필도 여사는 자신의 삶에 가해자로 자리매김을 시켜버렸다. 서로간의 따뜻한 대화를 나누는 모습이 별로 기억에 없다. 자식들을 사랑하는 공통적인 명제는 있었지만, 개별적으로는 외로운 삶을 사신 분들이다. 하지만 그때 당시 외로움이란 감정은 사는 데 사치일 뿐이었으며, 외로움이 뭔지도 모르지 않았나 싶다. 그들을 바라보는 딸로서 그저 안타깝기 그지없다.

나의 복지시설 들머리에, 부모님들과 비슷한 사람들을 봤다. 물론 그들은 장애를 가졌고, 의도는 달랐다. 한량인 남편에게서 지적장애를 가진 첫 번째 부인이 아들을 낳았다. 그 아들 역시 지적장애여서, 모자가 거주를 하고 있었다. 남편은 길거리 행려자 여인을 취했다. 또 두 번째 여인도 입소를 했다. 같은 시설에서 부인들의 동거를 보면서 어이없다기보다 왠지 생경하지 않은 모습 때문에 심란했다. 간간이 면회를 오는 남편은 두 번째 부인만 보고는 바람같이 휑하니 가버렸다. 그 뒷모습에서 아버지를 잠깐 연상하고는 고개를 절래절래 흔들었다.

단아하고 지적인 어머니는 의식적으로 아버지를 외면했다. 아버지에 대한 깊은 정은 내포하고 있었으면서 내색은 하지 않았다. 이미 아버지를 남의 남자 취급을 해버렸지만 마음만은 늘 염두에 두고 챙기는 모습을 보았다.

"내가 넛들한테 하는 것을 너 아부지한테 반만 해도 열녀문이 세워졌이끼다."

아버지를 향한 어머니 유일한 애오라지 사랑 · 엄마의 귀밑머리 푼 유일한 사랑을 방정식으로 풀어본다면, 해법은 적멸의 정토일까?

"어머이 니가 뭔데? 어머이 니가 내 낳았나? 어머이 니가 내 옴마가?"

"그래, 미안하다. 다 내가 잘못했은께 나를 원망해라."

그랬다. 어머니 사랑 앞에서는 감히 생물학적인 부모님을 논할 수가 없었다. 철부지 때에는 몹시 냉갈령 했지만, 세월의 흐름 앞에서는 그 마음조차도 날강날강해졌다.

우리들 성장으로 엄마는 기가 드세어지고, 어머니는 더욱 더 외로워졌을 거다. 물론 우리들은 어머니를 더 많이 따르기도 했지만, 특히나는 유별나게 반항을 했다. 당신들을 너무나 사랑했기에.

아버지와 엄마는 낮에는 농사일에 묻혀 살았지만, 밤이면 각자 세계에서 몰입했다. 한 집에서 동상이몽으로 살았던 모습이 훤하다. 아버지는 사랑방에서 라디오를 들으면서 화투 패를 두거나 새끼줄을 꼬는 것이 유일한 취미였다. 엄마는 밤마실에 빠지지를 않았고, 그럴 때면 우리들은 어머니랑 호롱불 밑에서 머리카락 서캐를 잡거나 이를 잡다가 어머니 품에서 잠이 들었다.

아버지 · 어머니 · 엄마 그들은 모두 담배를 피웠다. 겨울이면 방에 화롯불을 피웠다. 식사가 끝나고 나면 담뱃대를 줄줄이 한 화롯불에 붙여서 피워 물었다. 우리 부모님들의 유일했던 행복한 자화상으로 아직도 머릿속에 각인되어 있다.

원망보다는 피해갈 수 없는 우리들 운명이었고, 수치도 자랑도 아니지만 이제는 이 모든 것에 감사할 따름이다. 무지했지만 자신의 운명에 충실하려고 했던 그들이 내 부모님이라는 사실에 나는 감사, 또 감사할 뿐이다.

단아하고 이지적인 어머니,
감정 다스리기가 안 되는 엄마

엄마에게는 늘 말이 화근이었다. 자신의 의도와는 상관없이 불쑥 불쑥 튀어나오는 책임지지 못하는 말 때문에 구설수에 휘말려서 욕을 먹기도 하고 삿대질을 당했다. 엄마가 창피스러웠다. 그에 비해 어머니는 우리들에게 늘 말의 심각성과 조심성을 인식시켜 주었다.

"말은 한 번 내뱉으삐모 주워 담을 수 없는 기라서 넘들 앞에서 항상 가리서 해야 되는 기라. 하기 전에는 내가 이 말을 해도 되낀가 세 번은 생각하고 하모 후회가 없는 기라."

세 번을 생각하고 말해도 상대방의 반응이 별로 안 좋을 때가 많은데, 하물며 한 번도 생각하지 않고 말하는 엄마는 오죽 했을까 싶다.

"옴마! 사람들 많은데 가모 제발 아무 말 하지 말고 가마이 듣고만 있어라. 나서지 말고 있으모 2등은 하낀데 꼭 나서서 싸우고."

"가시나야! 그라모 내 입 놨두고 말도 몬하끼가."

"말을 하지 말라꼬 그러는 기이 아이고, 넘 말은 하지 말라 안쿠나."

"내가 버부리(언어장애, 경상도 방언)가?"

안필도 여사의 대단한 자기 의사결정권 앞에서 앞발 뒷발 다 들고 혀까지 내둘러야 했다.

나는 언니와 엄마의 사날한 성격을 원망했고, 어머니 찬양노래를 자주 불렀다.

"아요, 우리가 만약에 옴마를 쏙 빼닮았으모, 맨날 넘들하고 싸움이나 하고 살았이끼다. 그쟈. 그나마 낫낫한 어머이한테서 가정교육을 받았기에 할 말 안 할 말 구별이나 하지. 우리한테 어머이가 없었으모 우찌 됐겄노. 눈에 불을 쓰고 싸우러 댕긴다고 정신 없었시끼다."

"그래, 가시나 니는 고집도 세고, 몬생긴기 말까지 무식하게 해쌌시모 영락없는 작은 유산띠지. 니는 어머이한테 진짜 고맙다 캐라"

우리는 동네에서 아버지 후덕한 심성과, 어머니 교양 있는 언행 덕분에 되바라지게 성장하지는 않았다. 더구나 동네 자체가 씨족사회라 모두가 일가친척이었기에 경솔한 행동을 할 수가 없었다.

노인시설에 근무할 때 엄마와 비슷한 어르신 한 분이 계셨다. 각 방마다 다니면서 이웃들 싸움시키고, 여론을 조성해서 단체불만을 표출시키는 등 안필도 여사의 작은 군상이었다. 차이점이라면 이 어르신은 의도적이었다는 것과 엄마는 감정적이었다는 것이다. 그녀들의 공통점은, 사람을 좋아하고, 인정이 많았다는 것. 나누는 것을 좋아했고, 내 것 주고도 욕을 얻어먹은 것은 저의가 없는 말의 고질병 때문이었다.

품팔이든, 품앗이든 간에 단체로 일을 할 때가 많았다. 농번기가 되면, 특히 모내기를 할 때쯤이면 넓은 논에 각자 자신의 위치에서 모를 심는다. 엄마는 어깨를 맞춘다고 했다. 한두 사람도 아닌데 방향이 한 번은 왼쪽에서, 한 번은 오른쪽에서 나가는데 신기하게도 아귀가 딱딱 맞아 떨어졌다. 하루 종일 물이 찬 논에서 살갗은 퉁퉁 붓고 굵게 주름진 피부는 삶의 연륜으로 쌓여갔다. 그 힘든 와중에서도 웃기는 아주머니의 육자배기와 통속적인 유행가는 허리를 펴는 이상의 에너지를 충전시키고 있음을 알았다.

어머니는 관절염이라는 지병이 있어서 농사일을 하지 못했다. 집안일과 우리들 양육에만 일임을 했다. 그 힘든 노동을 작은 체구로 감당해야 한 엄마의 스트레스 해소가 말이었는데, 남들이 들을 때는 오해를 사기 좋을 말들이었으니까 안타까웠다.

학교에 올 일이 있으면 엄마보다 어머니를 오라고 했다. 어차피 나는 다른 친구들의 부모님들에 비하면 내 부모님들은 할머니, 할아버지 수준이었다. 쪽 찐 머리로 어머니가 학교를 찾으면 친구들은 다들 외쳤다.

"미향아! 너 할매 왔다."

참 쑥스러웠지만 그래도 사날한 엄마보다는 낫낫한 어머니가 선생님이랑 이야기하는 것이 낫다는 생각을 무의식적으로 했다.

선생님 어머니보다도 나이가 많았지만, 왜 그리 굽신거리고 죄인처럼 하셨을까? 특히 내 어머니는 겸손이 지나쳐서 더욱 그런 기억이 남아 있다. 아마도 그건 무학이라는 자기 자신의 자책감에서 아닐까 하는 생각이 든다.

"하모요. 아 그래야지예. 어짜든둥 숙제를 마이 내줘서 공부를 시키고, 말 안 들으모 패서라도 인간을 만들어야지예."

보기도 아까운 자식들을 선생님께만 특별히 체벌을 허락한 어머니의 교육지침은 참다운 인간으로 공부를 잘했으면 좋겠다는 염원을 심고 있었던 것이다. 당신 자신이 까막눈으로 산 세월의 대리만족일 것이고, 당신 스스로 낳지 않았기 때문에 더 잘 키우고 싶은 의지로 해석하고 싶다.

나는 전형적인 교복 마지막 세대였다. 우리는 체벌은 아예 당연했으며, 지금 생각해보면 폭력 수준이었다. 물론 모든 선생님들께서 다 그런 건 아니었지만. 진정 인간을 만들기 위한 방법이었는지 지금은 의문스러울 때가 있다. 한창 감수성이 예민한 여학생의 뺨을 사정없이 때린다거나, 출석부로 머리를 찍는 행동에 인격적인 심한 모욕감을 느낄 때가 더러 있었다. 그래도 우리는 일말의 반항을 하지 않았고 정당한 훈육이라 생각했다. 존경보다는 거리감이 많아서 감히 선생님과 친하게 지내지 못한 학창시절의 비애가 있다.

고등학교에 다닐 때는 펜팔이 유행이어서 밤에는 편지 쓴다고 늦게까지 불을 켜놓을 때가 많았다. 엄마와 어머니의 표현방법이 참으로 달랐다. 엄마는,

“처 안 자빠자고 뭐하노? 새복에 안 일어나모 첫 차 떨간는다(놓친다). 전기요금 마이 나오모 니가 내끼가?”

어머니는

“무신 숙제가 그리 많노. 아아들을 잡겄다. 자야 되낀데, 우짜노.”

어릴 때부터 엄마한테서 하도 정떨어지는 소리를 많이 들어서 나는 언니한테 가끔 반문을 했다.

“엉가, 니는 우리 옴마가 팥쥐 저 옴마나 장화홍련전에 나오는 계모 겉은 생각 안 해봤나?”

“옴마는 마음은 안 그렇는데, 말만 그리하는 기라. 우리가 이해를 해야 된다 쿠더라.”

나보다는 생각이 있는 언니가 이렇게 말을 할 수 있었던 것은 어머니의 영향이 컸기 때문이었다. 마음은 그렇지 않은데 왜 말은 그렇게 튀어나오는 걸까? 자기만의 고립에서 얼마나 외로웠고, 얼마나 세상이 원망스러웠을까? 왜 그렇게 감정조절이 안 되었을까? 아마도 피해의식이 컸기 때문이었을 것이다. 그때 엄마를 위한 돌파구가 있었다면, 덜 외로웠을 테고 말로 인한 수난은 덜 했을 텐데 아쉽다.

지천명을 지나 보니까 사소한 말에도 상처를 쉽게 받는다. 아주 사소한 것이 서운하고, 한 번 맺힌 응어리는 좀처럼 풀리지 않는다. 연륜의 더께일까? 나는 다만 나를 위해서 털어버리기 위한 노력을 한다는 것과 엄마는 켜켜이 쌓아서 되새김질을 가족에게 했다는 차이점이다. 결국 엄마의 트라우마는 자기 자신이었다. 한 번 마음먹기 따라서 천국과 지옥을 살아야 하는 자기 아집의 세계가 얼마나 고통이었을까? 조금이라도 누군가가 엄마를 위해서 마음의 문을 열게 했다면, 그토록 외로워서 마음에 없는 소리는 하지 않았을까 싶다.

여든에서 구순을 맞을 무렵에 엄마는 마음의 귀가 닫혀져 가고 있었다. 맑은 정신으로 살기를 거부했다. 그토록 지닐총했던 총기가 떨어졌고, 눈으로 보이는 자식들의 변화를 읽지 못하고 있었다. 발바닥 혹 수술을 위해 한참이나 보지 못했으면서 찾지 않았다. 수술 후에 수술한 이야기를 했지만 예사로 듣고 넘겼다. 자식들의 일거수일투족에 노심초사했던 마음의 빗장이 스르르 풀려가고 있다는 것을 실감했다. 다행이다 싶었지만 아쉽기도 했던 언어도단은 아마도 세상의 잣대로 말하는 치매 때문이었다. 치매라 말하고 싶지 않았다. 엄마의 나라에서 피우지 못한 꽃이 몽글몽글 봉오리를 맺고 있다고. 그래서 다만 소식이 좀 오고 있을 뿐이라고, 꽃소식이라고.

나는 강의 딸이다

진주 남강 발원지는 남덕유산 참샘이다. 남강의 수많은 물줄기 중 하나가 내가 태어난 곳, 바로 덕실이다. 덕실 사람들은 다름산의 정기를 받고 태어나서 산처럼 넉넉한 품을 지녔다. 경지 정리가 되기 전의 강가는 희로애락이 강과 함께 범람을 했다. 어른들께서는 '메기가 하품만 해도 물이 담는다.'고 했다. 장마 때는 툭하면 논이 물에 잠겨서 곡식을 제대로 수확할 수 없었다. 그렇지만 모래땅은 물 빠짐이 좋고, 또 필요한 양만큼의 물을 오래 머금고 있어서 수박과 참외의 다디단 과실을 허락했다. 그때 먹었던 노지 수박과 참외 맛은 나이가 든 지금도 잊지를 못해 입 안에서 군침을 돌게 한다.

이 강가의 사계는 뚜렷하다. 지금은 야생화 도감에서만 볼 수 있는 꽃들의 천국이다. 봄을 알리는 봄맞이꽃 · 광대나물 · 개불알꽃이 길바닥에 널브러지면, 할미꽃 · 꽃다지가 다투어 피어났다. 특히 개나리와 복숭아꽃이 만발하면 봄 처녀의 가슴을 충분히 설레게 했다. 청춘남녀들은 서로의 구애와 이별을 이 강가에서 했다.

연례행사, 사월 초파일 · 칠월 백중에는 모래밭에 가마솥을 걸어놓고, 호미씻이의 회치(들놀이)를 했다. 막걸리를 마시고, 장구치고 노래를 부르며 노는 것이 전부였지만, 지금 클럽 문화의 원조가 아니었을까?

여름에는 꼬맹이들이 입가가 시퍼래질 때까지 물놀이에 시간 가는 줄을 잊는다. 밥때를 놓치면 엄마들은 부지깽이를 들고 나와서는,

"야 이놈들아! 밥 안 처 무끼가."

특히 안필도 여사가 솔선수범해서 아이들을 어미닭 병아리 몰듯이 집으로 몰았다. 이것이 유일한 자식에 대한 사랑표현이었다.

가을에는 사춘기 열병이 뭔지도 모르는 까까머리, 단발머리 중학생들은 부모님들이 캐오라는 고구마는 캐지 않고 괘장을 부렸다. 남학생들은 성인물의 야한 삽화를 보면서 히죽거리고, 여학생들은 시집이나 연애소설을 보면서 눈물을 흘렸다. 나는 그때 학교 공부에는 흥미가 없었지만, 왕성한 책읽기의 욕구를 집이 아닌 이 강가에서 쏟아냈다. 초등학교 저학년 때는 동화를 읽었고, 고학년이 시작되면서 뜻도 모르는 문학작품에 심취했다. 언니 오빠들이 보고 던져 둔, 춘원과 릴케를 보면서 펼쳤던 상상의 나래가 글을 흠모하게 된 동기가 되어버렸다.

겨울에는 눈 내린 사갈의 마을을 뒤로하고 들판을 따라 강가로

가노라면, 아이들 연이 하늘에 꿈을 띄우고 논다. 가오리연 · 방패연 · 꼭지연 등 희한하게 생긴 연이 서로 멀리 날리기 위해 연줄을 끊어 먹고 싸웠다. 흐르는 콧물을 소매에 쓰윽 닦아서 소맷부리는 늘 반질반질했다. 손과 발이 얼음장같이 차가워도 아랑곳하지 않고 놀 수 있었던 것은 이 강이 좋은 장소를 제공했기 때문이었다.

"꼭지야 우리 강에 밤조래(재첩) 잡으러 가자!"

나와 단짝으로 놀았던 복순이가 불렀다. 강으로 가기 전에 늪이 있었는데 우린 거기에 들러서 대피(말조개)를 잡는다. 늪가의 거무튀튀한 모래밭에 줄이 그어진 끝에 물방울이 보글보글 오른다. 그곳에 손을 넣노라면 묵직한 것이 어린 우리들에게도 쉽게 잡혔다. 이 늪에는 가물치 · 붕어 · 메기 등 민물고기의 보물창고였고, 가뭄에는 논바닥을 적셔주는 생명의 늪이었다.

아저씨들이 조그만 나룻배로 고기를 그물을 쳐서 잡고 나면 우리는 그 배가 타고 싶어서 올랐다. 복순이는 장난기가 발동해서 자기만 재빨리 내려 나를 태운 배를 늪 속으로 밀어버렸다. 둘 다 놀라서 어찌할 바를 모르고, 복순이는 아저씨들을 향해 다급히 구조를 청했다.

"윈(모르는) 아제요, 배가 안으로 들어갑니더, 내 동무가 죽십니더, 살리 주이소."

"아가! 놀래지 말거래이. 가마이 앉아서 손으로 물을 젓거라."

나는 그때 물에 빠져 죽는 줄만 알았다. 복순이는 미안해하고,

나는 놀라서 한참동안 정신을 수습할 수가 없었다.

"가시나야! 니하고는 절대 밤조래 안 잡으끼다."

그날 우리는 강가에 가기도 전에 대피만 잡고 돌아와야 했다.

지금은 이 늪도 없어졌고, 그 강가의 맑은 물에 더는 민물고기 떼와 말조개는 살지 않는다. 인근의 도시가 발전하면서 살찐 고기들은 배가 허옇게 뒤집어졌고, 눈은 툭 불거진 채로 집단 폐사를 당했다. 강물에 멱을 감거나 머리를 감으면 반들반들 윤이 났던 피부와 머릿결은 가려워 덕덕 긁게 되었고, 머릿결은 푸석푸석해졌다. 은모래 빛을 자랑하던 모래밭은 신경통과 요통 관절염의 지병을 가진 여인네들의 무료 통증클리닉이었고, 노천 찜질방이었다. 논들을 바둑판처럼 반듯하게 하는 경지정리로 인해서 폐업을 하게 되자 그들의 치유장소는 돈이 드는 병원으로 옮겨가게 되었다.

덕실 강가의 추억을 가진 사람들은 지금 어디서 무엇을 하며 살아가고 있는지 모르지만, 그들은 나의 아저씨 · 아주머니 · 오빠 · 언니 · 친구들이었다. 몇 해 전부터인가, 이 덕실을 사랑하는 모임(덕사모)이 있다는 말을 들었지만 참석은 못 하고 있다. 그들은 내가 태어나기 전의 강가를 추억하고, 이 강가가 아닌 곳에서 회치를 할 것이다.

많은 것을 내어주고 얻은 것은, 돌을 철망 속에 넣은 튼튼한 성벽을 연상하는 강둑이었다. 아무리 메기가 하품을 해도 물이 담지 않았고 곡식을 보호해 주었다. 강둑이 생기기 전에는 장마가 오면 부엌 아궁이까지 물이 찼다. 불을 때지 못해 밥을 굶을 때도 있었다. 강둑이 생기면서 물은 범람하지 않았지만, 지금은 다만 추억만이 범람하고 있을 뿐이다.

들판 논이 더 이상 천대받지 않을 만큼 땅값이 올랐다. 골짜기의 천수답은 경지 정리 혜택을 받지 못해 땅값이 곤두박질쳤다. 상전벽해다. 그때 논의 의미는 생명이었다. 투기 수단도 아니었고, 오직 식구들이 굶지 않고 살아갈 수 있는 생명의 원천이었다. 누구도 예측할 수 없었던 반전을 아버지 또한 모르셨다. 골짝 논을 가진 자부심이 무너져 상심이 컸을 아버지를 생각하면 마음이 아프다.

이 강둑과 함께 나의 사춘기는 시작됐다. 반항의식이 싹트기 시작할 무렵, 평범하지 않은 가정환경이 싫었다. 왜 내게는 엄마가 둘이어야 하며, 엄마는 왜 나를 낳아서 이런 고통을 맛보게 하는 걸까? 낳아준 엄마가 싫었고, 낳지도 않았는데 헌신적으로 키워주는 어머니가 위선처럼 보였다. 속에서 알 수 없는 분노가 치밀어 올라 나를 주체할 수 없을 때는 강으로 가서 응어리를 쏟았다. 또래 친구들과 공감할 수 없었던 가정환경의 고민을 강만이 위로해 주었다. 치유하는 강으로 부각되었다.

까막눈이신 부모님은 사랑은 많으셨지만, 정작 무엇을 고민하고 어떤 대화가 필요했는지는 몰랐다. 하긴 그 세대에, 특히 시골의 우리 자식들은 노동력이었고, 굶기지만 않으면 되고, 학교를 다니는 것은 호사였던 시대적인 풍속도가 있었다. 그런 자식들에 비한다면, 나는 먹을거리, 배울 권리를 나름대로 누리고 살았다. 감히 불만을 토로하면 안 되었지만, 뭔가에 허기지고 있다는 걸 늘 실감했다. 넘쳐나는 부모님의 사랑으로도 채울 수 없었던 그 뭔가는 그 나이만이 겪는 가슴앓이가 아니었을까 생각한다.

눈 내린 강가에서 땅이 모두가 내 안으로 흡입되어 천지간에는 아무것도 남지 않은 암흑을 환상했다. 고등학교 2학년 늦가을에 아버지의 뜻하지 않은 죽음을 맞으면서, 그 겨울의 시리고 황량했던 기억은 아버지 무덤가에서 바라보는 강물의 유유함에 흘러 보냈다.

툭하면 강둑을 찾았던 나는 안필도 여사에게 지청구를 많이 들어야 했다.

"강에는 쎄빠진다꼬 자주 가나? 거 가모 죽은 너 아부지가 살아 돌아온다 쿠더나."

그러면 어머니는,

"아가 맴을 잡지 몬해서 글쿠는 거 아이가? 저거한테는 저 아부지가 우리들보다 올매나 각별했노? 각중에(엉겁결에) 그리 됐인께 지도 우떻겄노."

하면,

"내 죽어도 저라낀가?"

바라춤사위의 날갯짓과 같은 삶을 살다 떠난 엄마 죽음 앞에서 우두망찰했다. 아버지 · 어머니 죽음을 겪었기 때문에 성숙하게 갈무리할 줄 알았다. 사춘기시절처럼 무덤가와 강둑을 자주 찾지는 못 했지만, 사치를 부렸다. 옷을 사고 비싼 그릇을 샀다. 하지만 하늘 아래서 그 허허로움은 채울 수가 없었다. 여러 장의 신용카드 한도가 바닥이 나고, 현금서비스를 받는 악순환을 거치면서 정신을 차렸다. 엄마 죽음에서 겪는 상처를 날로 먹기 위해, 손쉬운 물질소비를 택했을까? 슬픔을 정면으로 받아들이기로 했다.

'옴마! 됐나? 옴마 니가 죽었을 때는 아부지만큼 덜 슬플 줄 알았는데, 이기 뭐꼬? 시간이 흐를수록 무장무장 생각이 나서 우찌 살아야할지 모리것다.'

벼농사만이 전부였던 수입원이 비닐하우스 안에 각종 채소와 과일을 재배하면서 덕실은 부농으로 자리를 잡았고, 타 지역 사람들도 합류했다. 이 큰 골짜기도 이제는 글로벌하게 다문화 민족들이 공생을 자리매김하고 있다. 이전의 씨족사회는 박물관에 봉인되어 버렸고. 인근 도시와 거리가 좁혀져 더는 골짜기라 하기에 무색하다. 이제 유년의 덕실은 머릿속에만 남았다.

많은 생명체들이 사라졌지만 강은 여전히 사계를 선사해 주고 있다. 떠나간 청춘남녀들에게 더는 구애의 장소가 아니지만, 여전히 강은 강이다. 서양의 유명한 예술가들이 강가의 호젓한 산책로에서 영감을 얻어 명작을 탄생하게 했다면, 나에게도 이 강은 그런 의미이고 싶다. 강은 나를 잉태했고, 치유를 허락했기 때문에 나의 대답을 들려주고 싶다.

강에게 바치면서!

오누이

엄마의 삶은 만연체다. 만화방초 화려한 문장으로 삶의 궤적을 탁본으로 떠, 엄마의 불행한 삶을 합리화 시키고 싶은 내 생각일 뿐이다.

일제강점기, 처녀 공출을 피하기 위해 급하게 고른 신랑치고는 헌헌장부였다고 했다, 엄마의 귀밑머리 푼 사람은. 꽃다운 열일곱 살에 연지곤지 찍고 꽃가마를 탔다. 순풍에 돛 단 듯 새댁은 살가운 사랑을 받으면서 신랑과 행복했다. 어쩌면 이 잠시 동안의 행복이 엄마 긴 생애를 봤을 때, 오히려 방해였을지도 모르겠다. 엄마 유일한 귀밑머리 푼 사람 때문에 살아 계셨던 아버지를 품지 못했기 때문이다.

내가 결혼을 하고 아이들을 키우면서 가끔 엄마한테 이부異父 언니 · 오빠 아버지에 대해 물으면, 수줍은 여인의 홍조를 띠며 회상을 했다.

"생기기도 잘생깄지마 우찌나 내한테 잘하던고, 그런 남정네는 동네에서도 없었던 기라. 과분했제. 지금 생각하모 일찍 갈라꼬 그랬던가 싶다."

이 귀밑머리 푼 사람과 사별을 하지 않았더라면? 나는 분명히 태어나지 않았을 테고, 무엇보다 다행인 것은 이부異父 언니 · 오빠가 처참한 형극과도 같은 삶을 살지 않았을 것이다.

엄마가 아버지께 오면서 전답은 이미 큰집으로 몰수당했고, 어린 남매는 머슴과 애보기로 전락되었다. 학교 책가방 대신에 오빠 등에는 지게가 지워졌고, 언니 등에는 애가 업혀졌다. 남매의 등에 지워진 무거운 십자가 근원은 엄마였다. 오빠는 그렇게 고생한 대가로 다복한 일가를 이루었지만, 협심증으로 중년을 넘기지 못했다. 엄마 가슴에 오빠의 묘지명을 새겨야 했다. 오빠 죽음을 겪으면서 엄마에게 간헐적인 치매증상이 보이기 시작했다. 그 뼈아픈 심정은 어떤 수식어로도 대신할 수 없다는 것을 옆에서 지켜보다가 엄마를 보냈다. 오빠를 보내고 17년을 더 살면서, 자식 앞세우고 오래도 산다고 자신에게 무척이나 타발병을 놓았다.

언니의 십자가는 아직도 진행형이다. 일흔을 넘기면서 살아온 방대한 이야기는 타의 추종을 불허하고 있다. 애보기와 식모로 전전하다가 이십대 초반에 주사가 심한 남편을 만났다. 삼형제를 낳았지만, 큰아들 역시 먼저 보내는 아픔을 대물림 받았다. 남편에게 폭력을 견디지 못해, 가출해서 만난 남자와 32년을 사실혼으로 노예처럼 살았다. 작년에 소여물을 썰다가 작두에 오른쪽 엄지손가락을 제물로 바쳤다. 실컷 노동력을 착취하고 이제 활용가치가 떨어지자, 사실혼의 이유를 앞세워 영감과 전처소생 아이들이 합심해서 무일푼으로 쫓아낼 계책 앞에 속수무책 중이다. 복지혜택을 전혀 받지 못하는 시설 밖의 클라이언트다. 일흔두 살을 무지렁이처럼 산 대가를 이렇게 치르고 있는데, 도움을 주고 싶지만 마음뿐이다. 대신에 그녀가 살아오면서 누리지 못한 문화생활을 같이 하고 있다. 외식 · 카페 가기 · 영화관람 · 여행 등.

불행인지 다행인지 모르겠지만, 내가 근무하고 있는 중증장애인 시설에 오누이(해와 달)가 거주하고 있다. 해는 달리기와 줄넘기를 실컷 해 보는 꿈을 가지고 있다. 빨간색 속옷을 좋아하고, 바다가 보이는 카페에서 커피 마시는 것을 좋아한다. 흥이 나면 상체의 춤사위는 K-POP 댄스가 무색할 정도다. 그래서 해는 에로틱한 불혹의 로맨티스트다. 몸은 휠체어에 의지하고 있지만, 자유로운 영혼이다. 해는 뇌병변 장애를 가지고 있다. 직립보행이 불가능하다. 몸 또한 불수의근으로 떨리고, 이마저도 진행성이다. 다섯 살이 많은 달과 생활공간이 달라서 오누이의 우애가 더 애틋하다. 달은 거동은 가능하지만 해의 휠체어를 밀어주는 직접적인 도움은 주지 못한다. 식사를 마치거나 프로그램이 같으면 가까이 다가와 손을 잡는 정도다.

가끔은 두 오누이를 비교해 본다. 아니 그들의 부모님을 생각해

본다. 이쪽은 장애를 대물림했다면, 저쪽은 그래도 건강은 대물림 받았나?

엄마 장례식에 이부異父 언니의 피 끓는 절규를 보면서 나는 죄인마냥 울음을 입속으로 삼켰다. 그녀가 엄마로 인해 살아온 발자취를 알기에.

"일곱 살 때, 옴마가 보고 싶어서 강을 건너 물어서 갔니라. 옴마가 내 보고 돌을 던지더라. 가라꼬."

돌을 던져야 했던 엄마 심정이나, 그토록 그리운 엄마한테 돌필매를 맞아야 했던 일곱 살 아이 심정은 어떠했을까?

이혼하면서 할당받은 빚을 어렵사리 다 갚았다. 대출을 최고로 받아 집을 장만했다. 아이들의 보금자리를 마련해주기 위해 애면글면했던 내 마음을 봄볕에 펴 말렸다. 하늘은 내 마음을 알겠지 하는 심정으로.

정작 고난과 마주했을 때는 살아내야 한다는 명제 때문에 눈물도 나지 않았지만, 드디어 펑펑 울었다. 리모델링을 다 끝내놓고 노을이 비껴드는 거실 구석에 앉아 실감하면서 울었다. 내 인생 지금이 화양연화라고 좋아했는데, 삶의 복병은 어디에도 있기 마련인가 보다. 그 복병이 내 아이들이었다.

10년이라는 세월을 따로 살았다. 엄마가 없었던 사춘기 시절에는 새엄마와 보내고, 대학교는 기숙사에서, 직장생활을 하면서 우린 합류할 수 있었다. 가끔은 불협화음이 생겼다. 내가 그토록 싫

어했던 저 아빠의 생각을 아이들한테 볼 때면, 자식이지만 싫었다. 병 주고 약주는 친구 같은 딸이,

"엄마! 우리가 사춘기를 엄마와 보내지 않았으니까, 지금 그 열병이라 생각하고 조금만 참고 이해해 줘."

그랬다. 세상은 거저 얻어지는 게 없나 보다. 사춘기, 그 무섭다는 중2를 겪지 않은 대가인지도 모르겠다. 가정환경을 비관하지 않고 학업에 충실하고, 스스로 직장을 구하고 성실하게 살고 있는데, 옥의 티 정도는 왜 없겠는가!

일제강점기에 사람 공출 · 곡식 공출, 심지어는 집안의 놋그릇까지 내놔야 했던 시대의 불운이 해방으로 막을 내렸다. 잠시 쉼표를 찍는가 싶었는데 한국전쟁이 난리가 났다. 난리가 엄마에게도 났다. 엄마 귀밑머리 푼 사람이 아프기 시작했다. 기침과 객혈로 투병을 하다가 결국은 죽음을 맞아야 했다. 남매의 재롱과 지극한 남편 사랑이 엄마 생애 최고의 봄날이었지만, 영원까지 허락하질 않았나 보다. 예고도 없이 닥친 불행이었지만, 슬퍼할 겨를도 없이 전쟁의 폐허에서 살아남아야 할 명제와 맞닥뜨려졌다. 온실의 화초가 잡초처럼 살아나려면 바람과 햇볕에도 굴하지 않아야 하는데, 그만 운명에 백기를 들어버리고 우회의 삶을 선택해버린 것이었다. 전쟁이 남자들을 우선적으로 앗아갔기 때문에 홀아비보다 과부가 많은 세상에서 엄마는 일부일처의 원칙을 깰 수밖에 없는 아버지를 만나게 되었다. 내 남편을 중매해야 했던 어머니(나를

낳지 않으신 분)는 아들 보기 소원을 하늘에 새겼던지라 이미 당신 스스로 여자이기를 포기할 수밖에 없었다. 어머니 그 서원으로 우리들 1남 3녀가 태어났으며, 나는 막내 순차에 등재가 되었다. 엄마가 홀아비한테 시집을 갔더라면 '팔자를 고치러 갔다.' '재가를 했다'라고 했을 텐데, 아버지가 홀아비가 아니었기 때문에 우리들은 '살러가서 낳은 자식들'로 치부되었다. 그때는 그 소리가 듣기 싫었지만 지금 그런 말을 듣는다면 난 이렇게 응대했을 것이다.

'그럼 살러 가지, 죽으러 갈까!'

오누이들에게 염원하는 것은 이제껏 삶이 자드락밭이었다면, 남은 삶은 살터에서 건강하고 행복하기를 바랄 뿐이다.

달비 파는 엄마

안필도 여사는 머릿결이 칠흑같이 검고, 숱은 삼단 같았다. 왜소한 체격에 쪽 찐 머리의 풍성함은 시샘 많은 여인네들의 부러움이었다. 단연코 달비 장수의 표적이 될 수밖에 없었다. 엄마 젊은 시절에는 가발은 오직 인모만이 전부였으며, 지금 IT 사업 버금가는 수익을 창출했다.

낭자머리에 행여 굴곡이 안 지려고, 교묘하게 머리카락을 솎았다. 깨어진 네모난 거울 앞에서 큰 못으로 가르마를 내고, 이쪽 이랑에서 싹둑, 저쪽 이랑에서 싹둑 했다. 그 모습이 하도 혜힐해서 아직도 기억이 선명하게 남아 있다. 솎은 머리는 빛바랜 종이에 싸서 보관했다가 달비 장수에게 팔았다.

"하, 내 머리가 하도 숱이 많아서 달비 장시가 우찌나 탐을 내던고, 하루는 이 여편네가 좀 더 솎을라꼬 가새를 들이대고, 배코를 칠라 캐서 욕을 해 삐렀다 아이가."

"옴마! 잘했다. 잘몬했이모, 수덕사의 여승이 됐이끼다. 그래 달비 팔아서 뭐 했노?"

"참 징그럽게도 가난했던 기라. 돈이 되는기라쿠모 몸 파는 것 말고는 다 했제. 오직 했이모, 지 머꺼대이를 다 팔아서 살림에 보탰겄노. 넛들한테 쓰기도 했고, 급할 때 쓸라꼬 찡가 놓기도 했제. 그래도 우리 집에는 너 아부지가 부지런해서 헛고상은 안 했지마, 술이나 처묵고 개구신이나 지는 인간들이 천치 빼까리였던 기라."

예순을 넘고, 일흔을 지나면서 숱 많던 검은 머리는 백발이 성성했다. 여든 중반에는 아예 비녀도 빼버리고 짧은 머리로 세월의 추임새에 따랐다. 엄마가 편찮아서 병원에 입원을 하면서 긴 머리는 거추장스러웠다. 한사코 거부하던 것을 내가 설득시켰다. 관 속에 비녀와 같이 꼭 넣어준다는 약속을 하고는 쪽 찐 머리를 잘랐다. 참 허무했으리라. 마치 자신의 정절이 잘린 느낌이었겠지만, 딸인 입장에서는 편하고 위생이 우선이었다.

엄마가 돌아가시기 얼마 전에 수의를 거풍하기 위해 수의함을 열었다. 삼베 올같이 성긴 허연 달비가 주인을 기다리고 있었다. 세월의 부침 속에 한낱 무명초에 불과했던 엄마의 청춘은, 그래서 허무한 게 아니라 그 절정을 기억하고 있기 때문에 허무라 해도 좋을 것 같았다.

나는 그때 수의의 명칭 · 용도 등 입는 순서를 묻고 사진을 찍어 두었다. 돌아가시면 습자배기에 쑥물을 담아 시신을 닦고, 허연 달비로 향나무 비녀로 쪽을 찌려고 했다. 그렇게 정갈하게 귀밑머리 푼 사람과 첫날밤을 맞으라고. 마음뿐이었다. 엄마 또한 갑자기 죽음을 맞았고, 장례지도사의 손길에 맡겨졌다.

엄마에게 삼단 같은 머리는 아마도 정절이지 않았나 싶다. 귀밑머리 푼 사람에 대한 의리이고, 마음만은 일부종사했다는 그녀만의 가치관을 나는 비난하고 싶지 않다. 여자 된 입장에서 흠집은 내고 싶지 않지만, 아버지를 사랑하는 딸로서 지고지순하다고 찬사를 보낼 수 없었다. 이율배반적인 나의 가정사가 원망스러울 뿐이었다.

엄마나 그 시대에 재가한 할머니들의 절대적인 진리가 있었다.

"여자는 귀밑머리 푼 사람이 젤인기라!"

흥! 일부종사? 그것 요즘 세상에는 박물관에도 진열하지 않을 것이다. 페미니스트들이 최고의 주가를 구가하고 있는 이 시대에 젊은 사람들한테는 뭔 개 풀 뜯어먹는 소리일 뿐이다. 하지만 두 어머니의 딸로 태어난 나는 그녀들을 연민할 뿐이다.

요즘은 백세 시대가 대세라면, 절반을 넘게 살았다. 사십 년 전에 내가 다닌 초등학교, 아니 국민 학교 시절에는 그랬다. 나는 단발을 하면 제비초리가 보기 싫어서 긴 머리를 하고 싶었다. 근데 이가 훼방꾼이었다. 그 가려움은 요즘 아토피 아이들 고통과 버금간다 해도 지나치지 않는다. 이가 되기 전에 물이 찬 서캐를 손톱과 손톱 사이에 넣고 터뜨리면, "톡" 하고 소리가 난다. 우리는 그런 재미로 친구들과 서로 잡아주면서 우정을 쌓았는지 모르겠다.

심지어는 수업시간에 검정 교복의 하얀 칼라 깃에도 이가 내려와서 스멀거렸다. 때가 낀 목덜미에 기어 다니면 옆에 앉은 짝지가 무심코 툭 치면,

"옴마야!"

하고 놀란다. 그러면 수업시간에 공부를 방해한 대가로 둘 다 나가 꿇어앉는다. 티격태격 싸운다.

"누가 내 이 잡아조라 쿠더나?"

"가시나야! 잡아조도 탈이가!"

그 많던 이는 어디로 갔을까? 내가 초등학교 4학년으로 기억한다. 모 샴푸회사에 '유니나'라는 제품이 있었다. 우린 그 샴푸를 챙겨 연못으로 가서 머리를 감았다. 정말이지 머리카락에 윤기가 자르르 흘렀다. 매끄러운 것이 파리가 앉아도 낙상을 할 것 같았다. 이까지 몰살을 시킨 샴푸의 공로는 지대했다. 지금은 아무리 트리트먼트를 하고, 린스로 헹구어도 그때 유니나 샴푸처럼 윤기가 나지 않는 푸석한 머릿결이 세월의 비애를 절감하게 한다.

초등학교 이후로 이를 보지 못했다. 근데 복지시설에 근무하면서 그때의 이와 서캐가 귀환을 해서 신기한 듯이 바라봤다. 물오른 허연 서캐, 쉰발이처럼 다리가 길지는 않지만 생김새는 비슷한 이가 살아서 꿈틀거리는 것을 보면서 잠시 세월을 반추하다가 화들짝 놀랐다. 발달장애의 초등학생이었는데, 머리숱이 아주 많아서 울창한 숲을 연상하게 했다. 매일 감는 머리를 제대로 말리지 않

아서 생겼거나, 학교에서 옮아오지 않았을까 싶다. 풀머리를 잘랐다. 머리를 감은 후에는 바싹 말리고, 일광욕까지 시켰더니 더는 둥지를 틀지 못하고 바람과 함께 사라졌다.

안필도 여사 역시 대단했다. 풍성한 머리를, 정갈하게 손질해서 텃밭의 배추 솎듯이 고르게 솎아 달비 장수한테 팔았다. 판돈은 아마도 유행하는 플라스틱 바가지나 스테인리스 그릇을 사고, 우리 자식들 주전부리에도 기여했으리라. 안필도 여사, 박색인 엄마에게도 원자재가 있었던 것이다. 왜소한 체격에 박색과 조화를 이루라고 삼단 같은 머리카락하나 허락받았나 보다. 그것도 오롯이 당신 자체로 남지 않고 청춘과 같이 내준 엄마!

살러 와서 싫었고, 무식해서 싫었다. 발림수가 좋고, 두루춘풍한 어머니에 비해, 결기를 잘 부렸고, 포달스러워서 싫었다. 이런 엄마처럼 살지 않을 것이라 했다. 나 역시 귀밑머리 푼 사람과 해로하지 못하고 홀로 아리랑을 부르고 있다. 미워하면서 삶까지 닮아버린 걸까?

엄마를 보내고 난 이 땅에 다시 봄이 오고 있다. 그 옛날 이런 봄에 엄마는 텃밭에 푸성귀를 심거나, 길찬 봄배추의 노란 장다리꽃을 솎았다. 봄볕이 다사로우면 수의함에서 수의를 꺼내 거풍을 하고 작아진 좀약을 알이 굵은 것으로 바꿔 넣기도 했으리라.

엄마 향한 그리움 하나 이 봄볕에 널어본다. 바지랑대 높이 해서 하늘에 닿을 수 있도록.

수의壽衣

바지랑대를 높이 받쳤다. 빨랫줄에는 올 성긴 삼베로 지은 밋밋한 수의를 볕 좋은 날에 거풍擧風중이다. 그의 주인은 마치 어제 입었던 옷을 씻어 널어놓은 것처럼, 할아버지는 담담하게 암갈색 나무 마루에 앉아 식사를 하고 계신다.

칠월칠석, 낮에는 바람 한 점 없이 무덥다. 산그늘이 짙고 바람이 시원한 가까운 산에 등산을 하고 하산하는 길목을 잘못 들었다. 미로 같은 고샅길에는 고색이 창연하다. 그 길 끝에는 곧 쓰러질 것 같은 슬레이트 지붕의 집 한 채가 허물어진 돌담이 에워싸고 있다.

소담스런 마당의 한 귀퉁이에선 식탁에 올릴 푸성귀가 당초덩굴과 어우러져있다. 두 개의 방이 나란히 있다. 방 하나는 빛바랜 닥종이 문종이가 문살에서 제 몸을 붙이지 못하고 바람에 너덜거린다. 문의 아귀를 지탱하고 있는 수톨쩌귀 · 암톨쩌귀가 녹이 슬어 따로 놀고 있다. 그에 비해 옆방은 맨드리하다. 사용하시는 방으로 보인다. 도배를 하지 않고 맨살을 드러내고 있는 흙벽, 주춧돌 위에 나무 서까래가 처마를 받치고 있지만 주인의 삶과 같이 늙어가고 있다.

살아 있는 사람보다 수의가 왜 생기를 발하고 있을까? 죽음은 승리는 될 수 없지만, 피해갈 수 없는 숙명이기 때문일까? 할아버지 역시 생을 달관한 모습에서 죽음에 크게 의미를 두지 않는 표정을 읽을 수 있는 나도, 죽음을 거부할 수 없다는 진리를 알기 때문이리라.

엄마는 수의를 자신의 혼례복을 보는 것처럼 했다. 마치 새악시의 부끄럼 같은 홍조를 띠기도 했다. 꼭 윤달에 준비하는 이유를 물어봤다. 윤달이 공달이라 손이 없고 탈이 없어서라고 했다. 엄마는 그래야 자식들이 잘 된다는 말을 덧붙였다.

윤달에 이웃 · 친구 · 질부들이 모여 찰밥을 해 먹으면서 지었다. 왁자지껄 잔치 같은 분위기에서 자신의 수의를 공굴렸다. 하루 안에 완성하기 위해 한 땀 한 땀 속도를 독려했고, 실을 길게 뽑아서 도중에 잇거나 끝을 옥매치지 않도록 했다. 살아서의 매듭을 다 풀라는 뜻으로 해석하고 싶다.

거풍은 보리장마가 지나고 아주 더운 날에 했는데, 음력 칠월 칠석인지는 정확하게 모르겠다. 거풍을 한 수의는 차곡차곡 개어서 입는 순서대로 넣었다. 좀이 슬지 않도록 좀약과 봉초담배를 섞어서 넣었다. 수의는 작은 오동나무 함에 봉인되어 장롱 위에 얹혔다.

왜 수의를 살아서 미리 준비해 놓을까? 죽음을 삶의 끝으로 보지 않고 새로운 삶의 시작인 내세관을 믿고 싶어서였을까? 죽음을 이렇게 긍정과 부정을 함의하면서까지 두려움을 떨쳐내고 싶어서 일까?

수의가 몇 번 거풍을 반복했다. 어느 해에 오빠의 갑작스런 죽음으로 엄마는 참척慘慽의 고통으로 억장이 무너졌다. 무간지옥을 살았다. 자식 앞세운 부끄러움으로 바깥출입을 전혀 하지 않았다.

오빠는 협심증으로 회갑을 맞지 못하고 죽었다. 엄마는 수의를 윤달, 공달에 손 없고 탈 없는 날에 지어서 자식들이 잘 될 거라 철석같이 믿었다. 근데 윤달, 공달 수의의 개념이 깡그리 무너지고 말았다. 무장무장 떠오르는 오빠 기억을 주체키 어려웠는지, 흐릿한 백열등 불빛아래 수의를 굽이굽이 펴고 있었다.

"지금이 딱 입을 땐데"

곧 허물어질 것 같은 돌담에는 설치예술가처럼 전화기 · 오래된 선풍기 · 스텐그릇 같은 것이 널브러져 있다. 아니 버리지 않았다. 그 중에 할아버지를 '인생도처 유상수'로 짐작하는 물건이 보인다. 산속의 낚싯대 릴이다. 할아버지가 돈키호테인지, 인생의 고수인지는 따지고 묻지 않은 채 생각의 실타래는 정점으로 간다. 어쩌면 저 할아버지 역시 참척慘慽의 고통을 감내하고 계시는 건 아닐까? 내 엄마처럼 자식을 먼저 보낸 부끄러움으로 바깥출입조차 못하고, 집안의 텃밭에서 삶을 연명할 것 같은 생각이 든다. 아무리 집안을 살펴도 알뜰한 그림자는 보이지 않는다.

자신의 수의 앞에서도 저렇게 편하게 식사를 할 수 있는 여유, 죽음이 달관될 수 밖에 없었던 것은 극한의 고통에서는 한낱 잡초에 불과한 것일까?

삶이란 참담한 시련의 밭에서 캐 올린 감자 한 알 같음이 실감되어진다.

혹, 가뭇없이 사라진 삶이 수의의 주인일까? 습자배기에 쑥을 띄워 정갈하게 몸을 닦고, 수의를 입기 위해 오동나무 함을 봉인해제 했다. 윤달, 공달에 만들어 손이 없고, 탈이 없는. 실을 길게 뽑아 옥매치지 않는 수의로 살아서의 매듭을 다 푼. 칠월칠석 뜨거운 날에 거풍을 잘 한.

혼례복처럼 수의를 입은 엄마는 오동나무 관에 봉인됐다. 잉걸불 심장에 잠시 안기었다. 겹 벚꽃 마디마디와 닮은 뼈를 가지런해서, 금방 켜낸 나무 상자에 담겼다. 땅 속 저 깊은 곳으로 빠져들었다. 흙을 덮었다. 달구질소리가 하늘 높았다.

참척慘慽의 고통으로 억장이 무너진 엄마는 피안의 세계에서 안녕하시길!

아직 내 인생 수의는 짓지 않았지만, 누구도 피해갈 수 없는 죽음이 닥쳤을 때는 슬픔이 아니라 축제 같은 날이 되기 위해 오늘 잘 살아 볼 일이다.

02

흙, 지게, 요랑(워낭)소리가 삶의 전부였던 아버지

차라리 아버지가 카사노바였더라면!

아버지와 어머니(낳지 않으신 분)는 외형적으로 보기 드물게 잘 어울리시는 분들이다. 아버지는 큰 키에 탄탄한 체격, 이목구비가 뚜렷해서 참 준수한 외모를 지녔다. 젊은 시절 일본으로 밀항하셨는데, 동경에서 찍은 사진을 보면 지적인 카사노바를 연상하게 한다. 어머니는 아담한 체구에, 갸름한 얼굴이 전형적인 미인상이었다. 쪽 찐 머리에 동백기름으로 윤을 반들반들 내고 한복을 잘 차려입은 맨드리는 부잣집 마님 같은 인상을 풍겼다.

첫딸만 낳고 더는 임신을 할 수 없는 원인이 뭐였을까? 요즘처럼 산부인과에서 문제를 해결했더라면 아들 열 명은 너끈히 낳을 수 있었을 텐데…… 낫낫한 어머니가 아들들의 소굴에서 엄마(생모)처럼 욕도 하고, 부지깽이가 사랑의 매로 변하지 않았을까 하고 아쉬운 생각을 한다.

아버지는 어머니께 무뚝뚝하셨지만 어머니의 뜻을 존중하는 애처가였다. 아들을 얻기 위한 어머니 노력에 동참한 사실을 보면 미루어 짐작이 가고도 남는다. 잘생긴 외모 탓에 이웃의 과부들한테 추파를 받았다는 얘기가 아직도 내 머릿속에는 적바림 되어 있다.

사찰에서 운영하는 유료 노인시설에 근무할 때다. 졸부의 할아버지가 계셨다. 첫 번째 할머니를 먼저 입소시키고, 나이 차가 많이 나는 중년의 아주머니와 연이어 같은 시설에 입소하는 것을 봤다. 부녀지간 그림을 연상하게 했지만 그들은 아랑곳하지 않고, 자신들의 사랑에 충실했다. 결코 아름답다고 할 수 없는 나의 전근대적인 생각이 직업의식을 망각하고 그들을 마음속으로 미워했다. 입소 후에 할아버지는 의부증이 심해서 정신과 병동에 입원을 했으며, 상사병으로 생을 그곳에서 마감을 하셨다.

'아쉽다'는 말을 경상도 식으로 '사랑도 다 못 때우고'라고 한다. 사랑도 다 못 때우고 어떻게 눈을 감으셨을까 싶다.

모두들 입을 모아서,

"그 영감쟁이 천벌을 받았다, 조강지처 버린께 저리 안 되나." 하고 할머니들의 등쌀에 할아버지들 모두가 죄인이 된 적이 있었다.

나는 실은 내 아버지가 카사노바가 아니어서 너무나 감사하다. 단지 어머니께서 아들을 보기 위해 고생을 많이 했고, 같은 여자 입장으로 내 남편을 다른 여자에게 중매를 해야 했던 그 고통이 얼마나 컸을까를 생각하면 가슴이 너무 아팠기 때문이다.

아버지께 물색한 여인과 동침을 허락했던 어느 날, 어머니는 큰집 평상에서 잠이 들었다. 새벽에 큰아버지께서 홑이불을 덮어 주더라는 회상을 들은 적이 있다. 새벽이슬을 맞고 새우잠을 잤을 이한 많은 여인의 간구를 나는 오늘 이렇게 말하고 싶다.

"당신 스스로 원죄의 십자가를 지고 골고다 언덕으로 오른 것을 긍휼히 여기사, 거기서 당신을 사하고 가시 면류관의 부활로 가슴으로 잉태한 자식들을 얻었노라고."

운명이란 정해져 있었던 것이었을까? 내가 낳지도 않은 어머니를 어머니라 부르며 살아야 했던 것도 운명이었고, 내가 아버지를 일찍 여의어야 했던 것도. 거역할 수 없었던 운명의 톱니바퀴 아귀가 딱딱 맞아 떨어진 것이지 않나 싶다.

"저 먼당(꼭대기)에 살았던 '분'이라꼬, 낳은 지도 올매 안 됐는데, 저 어매는 밭에 일하로 가야제, 아는 봐야제, 나무그늘에 누버놨던기라. 소가 지나감시로 아를 볼밨이믄 우찌 됐겄노! 포래이(파리)가 엉기도 자고 있는 기라! 그때는 아도 하도 죽어 사서 예사로 키워도 또 생긴께 걱정 없었던 기지."

가난했던 농촌에서 아이들 양육은 이렇게 될 수밖에 없었다. 자라면서 어른들끼리 말씀하시는 것을 옆에서 듣노라면 남의 집에서는 우리 집처럼 자식들에게 애정을 전부 쏟지 않았다는 것을 알 수 있었다. 그도 그럴 것이 워낙 숫자가 방대하니까 누구 하나 특혜 받는 자식 빼고는 천덕꾸러기로 자랄 수밖에 없었다. 시대적인 비애였지만, 형제애의 애틋함은 그때가 더 절실하지 않았나 싶다.

지금처럼 단출한 가족에서 느낄 수 없었던 끈끈한 정이 사람을 배려하고 나눌 수 있었던 밑거름으로 생각이 든다.

아버지는 오빠를 사랑하는 마음은 겉으로 표현하지 않으셨다. 땅과 하늘 사이를 떠받쳐주는 기둥의 든든함 그 이상이었을 것이다. 그냥 지켜봐 주시고, 같이하기를 좋아했던 아버지로 기억하고 있다. 아버지보다 작은 지게를 어깨에 메어 앞장세웠다. 소를 몰고 가는 오빠 뒤에 따라 오시는 등 진실된 흙을 물려주고 싶은 저의를 내포하셨다. 오히려 잔잔한 정은 딸들인 우리들에게 더 많이 쏟으셨다. 장에 갔다 오시면 색다른 과일을 사 오시고, 경조사에 다녀오실 때는 늘 도시락을 가져와서 나눠 먹이곤 하셨다.

아버지의 지게에는 사계가 담겨 있었다. 봄에는 내가 좋아하는 참꽃(진달래)이나 개나리를 낫으로 베 오시고, 여름에는 산딸기 · 참외 · 수박 · 복숭아로 지게가 풍성했다. 가을에는 햇고구마를 캐서 제일 먼저 맛보게 하셨다. 겨울에는 언 땅에서 배추 뿌리를 캐내어 나뭇단 속에 담아오셨다. 먹을거리가 귀해서가 아니라 그렇게 하고 싶었던 아버지 마음이었을 것이다. 내가 자란 동네에서는 내 아버지 같은 아버지는 안 계신 걸로 안다.

오빠가 중학교에 갔을 때 학교와 거리가 먼 것을 염려하셔서 자전거를 사 오셨다. 중절모에 두루마기를 입으시고 강가의 비탈진 길에는 어깨에 메고, 끌고 몇 십 리를 오신 것이다. 아버지를 회상하면 그 넘쳐나는 사랑 앞에 평범하지 않은 가정에서 태어나게 했다고 부모님을 원망할 수가 없다.

이런 아버지가 어떻게 카사노바가 될 수 있었겠는가? 오직 사랑에 풀무질해서, 사랑에 의한 담금질로, 사랑을 위한 삶을 사신 내 아버지가 너무 뿌듯해서 누가 뭐라 하지 않아도 자랑을 하고 싶다. 만약에 내가 우리 아버지 바람의 딸이었다 해도 이해를 하고 내 아버지임에 원망을 하지 않았을 것이다.

내가 복지시설에 근무를 하면서 절실하게 느꼈던 것은 사랑이었다. 고갈된 그 사랑에 입을 갖다 대고 사랑 한 모금 마시기 위한 처절한 몸부림 앞에서 난 얼마나 울어야 했던가? 나와 아니, 우리와 똑같은 인간의 형상인데 신은 왜 사랑을 부여할 때 형평성을 잃었을까? 장애라는 이유로 사랑을 구걸할까봐서 그렇게 냉정히 신은 거절했을까? 나는 그 섭리를 이해는 못했지만 나를 거기에 보낸 뜻은 알 것 같다.

받은 사랑 다 돌려주고, 상처에는 새살이 돋게 하고 허기진 사랑에 포만감을 채우기 위함이었노라고!

"우리 엄마는 무당이었어요! 맨날 잠만 자고 밥도 안 주고 청소도 안 했어요. 아빠는 술만 마시면 우리들을 욕하고, 때리고 엄마는 도망을 가버렸어요. 나는 선생님이 좋아요. 엄마라고 부르고 싶어요."

지적장애를 가진 아이가 초점 잃은 눈을 반짝이며 내게 갈구를 했다.

‘그러렴, 내 비록 부족한 것이 많지만 내 가슴을 네 영혼의 안식처로 정하고 필요한 양의 사랑을 퍼가려무나.’

내가 유아적 경기를 이겨내지 못하고 장애를 가졌더라면 아버지만큼은 나를 버리지 않으셨을 거라는 자부심이 든다. 지게에 태워서 세상을 구경시키고, 험한 세상에 철저한 바람막이가 내 아버지였을 거라고. 단지 돌아가실 때는 나 때문에 편히 가시지는 못했겠지만!

아버지를 생각하면 가슴이 뜨거워오는 것이 좋다. 그래서 난 아직도 아버지를 보내지 못하고 있다. 정작 어머니가 돌아가셨을 때는 오히려 마음이 편해졌고, 엄마는 가슴이 난도질 당하는 것만큼 아팠다. 아버지는 이 세월까지 살아있는 화신으로 영원히 머물러 계신다.

‘아부지! 어머이하고 오붓하게 잘 살고 계십니꺼? 인자 거서는 너머 과부들도 힐끗거리고, 어머이 속도 태우고 하이소.’

아버지의 북두칠성

내가 살던 동네 이름은 덕이 많고 큰 골짜기라 해서 '덕실'이라 했다. 유명한 인재보다는 욕심 부리지 않고, 자연에 순응하면서 사는 민초들의 전형적인 동네였다. 내 아버지 역시 그들 중의 한 사람으로서, 나누고 싶어 하는 정이 많았다.

들판으로 난 샛길을 따라가노라면 강어귀가 나오는데, 강을 건너기 위해 사공을 부른다.

"사공! 배 띄우소."

사공의 집은 높은 곳에 자리 잡고 있어서 강 건너 행인들을 한눈에 파악을 하고 금세 묶어 두었던 배를 띄운다. 장대로 물살을 가르고 노를 젓는 모습은 흡사 바람 같았다. 강폭은 그다지 넓지 않았다. 강심이 깊은 곳에는 장대가 거의 다 들어갈 정도다. 어른들께서는 장정 두 사람의 키를 합한 깊이는 족히 된다 했다. 그곳에는 물살이 세서 소(회오리 모양의 물결)가 있는데 빠지면 헤엄쳐

나오기가 어렵다고 했다. 그 강가에 익사사고도 더러 있었다. 어렸을 때 우리들은 거기에는 물귀신이 잡아당긴다고 무서워했다. 아마도 위험하니까 어른들께서 접근금지를 시키기 위한 위협이지 않았나 싶다. 가뭄에는 모래바닥이 훤히 보일 정도여서 우리들은 곧잘 걸어서 강을 건너기도 했다.

강의 속성을 잘 아시는 아버지는 밤과 새벽에 어떻게 도강을 했는지는 모르겠다. 수절과부인 엄마께 가기 위해 이 강을 건너서 아들은 얻었지만, 엄마의 마음까지는 건널 수 없던 채로 평생을 사셔야 했다.

어머니(낳지 않으신 분)는 결찌를 통하거나 또 그 결찌의 결찌를 통해서 과부들을 수소문했다. 또 모종의 거래도 있었을 텐데 그때마다 어떤 수완을 발휘했는지 참으로 대단하다. 그렇다고 우리 집이 부자여서 땅뙈기를 떼 주는 것도 아니었을 테고. 아마도 어머니의 타고난 뱀뱀이로 발림수까지 빚을 발했을 것 같다. 이때부터 마담뚜 자질이 갖추어지지 않았을까 싶다. 내 남편을 중매한 여인인데 남들끼리 엮는 거야 식은 죽 먹기보다 쉬웠을 테니까.

"내가 너 오빠 · 엉가(이부異父 남매)를 데꼬, 읍으로 나가서 함티 장사(나무로 된 직사각형의 대야의 일종)를 하고 있는데, 이웃에 너 어머이 하나뿐인 동생이 살았는 기라. 거서 내 야그를 듣고 찾아 와서는, 너 오빠(이부異父 오빠)를 중핵교까지 공부시켜 주낀께 아들을 낳아 조라 쿠더라. 그 말에 넘어가서 내 발등 내가 찍어

이리 됐다 아이가."

엄마는 이렇게 자주 넋두리했다.

어머니는 과부의 딜레마에 정곡을 찔러 전략적인 중매를 했다. 후에 그 약속은 순조롭게 지켜지지 않았으며, 평생 엄마는 아버지와 어머니를 원망하고 질책하면서 살았다.

받을 사랑 다 받고 살았던 나는 아버지가 다른 그들 남매에게 늘 미안했다. 만약에 내가 그 오빠와 언니였다면 난 엄마를 평생 외면하고 살았을지 모른다는 생각을 가끔씩 했다. 그렇지만 그 남매는 아버지가 다른 우리 남매와 우애 있게 지내다가, 이부異父 오빠를 먼저 보냈다. 조카들과 내 아이들이 성장하면서 희한한 촌수를 설명하기 버거워서 버벅거리기도 했다. 아이들이 얼마만큼 이해를 하고, 알고 있는지는 모르겠다. 이 모든 운명의 거미줄은 누구 잘못으로 인해 쳐진 것이 아니기에 오늘 나는 다만 세월에 연민하고 그들을 위로하고 싶다.

정신과 병동에 근무할 때다. 정신질환을 가진 이십대 중반의 처녀 아이 있었다. 친할머니가, "우리 손녀 퇴원시켜 주이소. 거서 하는 것도 없이 있는 거보다 차라리 넘어 집에 아들이나 낳아 주러 보낼랍니다."

요즘은 오히려 여아를 선호하는 세상에서 이제는 악습이 되어버린 시대적인 상흔이다. 십 년 전에 이런 전화를 받았을 때 나는 다른 직원들과 같이 욕을 할 수가 없었다. 단지 정신질환이라는 질병을 걱정했을 뿐이었다.

새벽이슬을 맞고 다니신 아버지의 강가에는 사공과 나룻배는 덕실 사람들 기억 속에만 남아 있다. 나루터에는 지금 튼튼한 다릿발을 받친 다리가 떡하니 놓였다. 유유히 흐르는 강물은 세월을 반추하게 한다. 나에게 이 강은 사춘기에는 위로였고 치유하는 강이었다. 결혼에 실패하고 이 강가에 섰을 때는 유혹하는 강으로 다가온 적도 있었다. 강둑이 생긴 후부터 들판에 강물이 범람하지는 않았지만, 내 인생과 같았던 흙탕물이 나를 쓸어갈 것 같은 환상을 했다. 저 강물이 나를 아버지 계신 곳까지 데려줄 것이라는 확신은 없었나 보다.

엄마가 산에 나무하러 가서 통곡을 하고 카타르시스를 경험했다면, 나 역시도 이 강은 그런 의미다. 엄마와 나의 카타르시스 공통점은 처음에는 힘겨운 삶을 죽음에게 유혹 당해 갈등을 한다. 그런 후에는 실컷 쏟아낸다. 또 끝내는 살아갈 힘을 부여받는 자신을 성찰하는 장소였다.

그 옛날 강어귀 나루터에 묶어 두었던 배가 다시 보고 싶다. 과부 엄마가 새벽이슬을 맞고 옷이 흠뻑 젖어오는 것을 안타까이 여긴 자식들이 돌을 놓아 징검다리를 만든 동화처럼, 나는 오늘 사라진 나룻배를 불러오고 싶다. 결국 나의 위안이겠지만. 덕실 사람들 향수를 그 나룻배에 실어보고 싶다. 또 아버지 북두칠성으로 추억하고 싶은 것이다.

성인이 되어버린 딸과 아들을 데려와서 그 옛날 외할아버지가 새벽이슬을 맞으며 건넜던 이 강가의 살아 있는 전설을 말하고 싶다. 외할머니가 두 분이어야 했던 이유와 한 가지에서 날 수 없었던 외삼촌과 이모들을 더는 버벅거리지 않고 말할 것이다. 그로 인해 갈등이 심했던 엄마가 운명에 순응할 수 있었던 것은 결국 사랑이었노라고. 할아버지 사랑과 두 외할머니가 계셨기 때문에 가능했던 사랑을 말하고 싶다. 또 살면서 지치고 힘들 때마다 외할머니의 삶을 떠올리면서 엄마를 추슬렀던 것처럼, 아이들에게도 살아가면서 포기하지 않는 힘의 원천을 이 강가에서 얻어가기를 희망하고 싶다.

"아부지! 학교 댕겨 왔심니더! 올 학교에서 아부지, 어머이 학교 오데까지 졸업했는지 적어오라 한 캤십니꺼! 아부지는 오데까지 나왔는데예?"

"핵교에서 그런 거는 와 물어본다 쿠데? 너 아부지 읍내 농대(농업전문대학교) 나왔다 캐라."

초등학교 저학년 때 아버지 농담을 그대로 적어서 선생님께 드렸더니,

"아버지 뭐 하시노?"

"우리 아부지 농사짓는 데예!"

고개를 갸웃거린 선생님 표정을 그때는 이해를 못했다. 박경리 《토지》를 읽고 나서 아버지 세대에 전문대학교가 소수계층의 인텔

리였다는 사실을 알았다. 비록 무학이었지만 농사를 천직으로 아셨으며, 흙의 진실 속에서 부끄럽지 않게 사신 삶을 나는 존경한다.

묵정밭을 개간할 때는 오직 당신 스스로 호락질로 옥토를 만드셨다. 그 밭에 봄에는 씨앗을 뿌려 풋바심으로 우리들 배를 채우셨다. 여름에는 뙤약볕을 아랑곳하지 않고 실한 결실을 위해 땀을 흘리셨다. 땅에게 너무나 최선을 다해 예의를 지키신 내 아버지, 그래야만 가을에는 황금들판에서 알곡을 거두는 허락을 받고 환하게 웃으신다. 겨울에는 우량종자를 따뜻한 방에서 보관해서 봄을 기다리셨다. 자투리 시간에는 짚으로 이엉을 엮어 초가지붕에 새 옷으로 갈아입히시고, 새끼를 꼬아서 덕석(멍석)을 만들어 햇곡식을 널어 말리셨다. 따뜻한 겨울을 나기 위해 뒤란에는 집채만 한 장작더미와 솔가리 묶음이 구들장을 덥혀 주셨다. 비옥한 땅에 튼실한 결실을 얻고, 몇 강다리의 장작과 집채만 한 솔가리를 쌓기까지 정작 당신 손바닥은 가뭄에 갈라진 논바닥마냥 살이 갈라지셨다. 살 속에 가시가 박혀 고름이 차도 내색을 않으신 아버지.

"아부지! 가시가 이래 박혀도 안 아픕니꺼?"

"하모, 안 아푸다!"

얼마나 많은 굳은살이 감각을 무디게 했을까? 그에 비하면 엄마는 고생을 많이 했지만 아프면 아프다 한 비명을 들을 수 있었지만, 아버지는 가슴으로 삭이어야 했던 그 아픔 오죽했으랴 싶다.

아버지는 강을 건너셨다. 나룻배를 탔거나, 모래톱에 발을 푹푹

빠지면서. 나는 오늘 아버지의 북두칠성이 되기 위해서 그 강가에서 하염없이 기다리고 있다.

아버지는 누구를 더 사랑했을까?

아버지께 단테의 베아뜨리체 같은 여인 하나를 만들어 드리고 싶다. 아버지는 어머니나 엄마께 사랑을 구걸하지는 않았지만, 가슴 한구석에는 쓸쓸한 바람이 불지 않았나 싶다. 그 허한 마음 둘 곳 없어서 그 시대 아버지들이 하지 않았던 사랑을 자식들에게 퍼부었으며, 자신을 학대하리만큼 일에 집착해서 당신 스스로를 망각하고 사신 것 같다. 그랬기에 나는 아직도 아버지를 떠나보내지 못하고 살아있는 화신으로 연민하고 있는 것이다. 어머니는 당신 스스로 엄마를 취하게 했으면서 남의 남자로 취급해서 이율배반적이었고, 엄마는 오매불망 귀밑머리 푼 이녁만이 전부였다.

"아부지! 아부지는 어머이가 좋십니꺼? 옴마가 좋십니꺼?"

철부지에게 속내를 말할 필요성을 느끼시지 못했을 것이며, 아버지 특유의 농담으로 얼버무리셨다.

자식들에게 쏟는 사랑 조금만 덜어내서 결핍된 사랑을 공유했더라면 제각기 그토록 외롭게는 살지 않았을 것인데 안타깝다. 특별히 미워할 이유도 없었고, 서로를 기만하지 않았으며, 사랑하지 않을 이유도 없었다. 당신들 기구한 운명의 사슬을 서로 보듬고 어루만져서 위로가 됐더라면, 내가 아버지의 또 다른 연인을 말하지는 않을 텐데!

내가 어렸을 때는 밥을 동냥하는 걸인들이 많았다. 특히 추운 겨울에는 때가 얼룩이 져서 빈들빈들해진 옷을 입고, 가족이 무리를 지어 다녔다. 그들의 거주지는 다리 밑 움막이거나 동네에서 떨어진 흉가 같은 곳이었다. 나도 말을 안 들으면 아버지께서,

"저 다리 밑에 눈 비뚤어지고, 코 빼딱하게 생긴 기 너 어매고, 너 아밴께 보내주까?"

하고 자주 말씀을 하셨다.

아버지는 그들에게도 정이 많으셔서, 특히 아이들한테는 관대해서 고구마나 먹을 것을 챙겨주시는 자상함을 보이셨다. 만약에 아버지께서 마음의 문을 연 여인이 있었다면 분명 그건 세기의 사랑이었을 것이다. 이런 아버지 사랑을 남자한테 갈구한 나에게 신은 허락하지 않았다. 아버지 같은 사랑을 꿈꾸고 나이 차가 많은 사람이랑 결혼했지만, 나이는 숫자에 불과했고 정신적인 연령은 나보다 더 낮아서 오히려 내가 모성애로 보듬지 않으면 안 된 내 짧은 결혼생활의 비애가 아버지의 사랑을 더 그리워하게 한다.

부모님의 서글픈 사랑 합리화일지는 모르겠지만 아버지가 어머

니나, 엄마 중에 편중된 사랑을 하셨다면 가정의 평화가 지속될 수가 없었을 것이다. 우리도 이산가족으로 살지 않았을까 싶다. 두 살림을 할 수 없었던 우리 형편의 맞춤형 사랑이었으며, 같이 살았기 때문에 낳지는 않았지만 어머니의 돈독한 모성애를 경험할 수 있었을 것이다. 운명은 이렇게 예견되어 있었나 보다.

"아부지!"
"와!"
"옴마는 오데 갔는데예?"
"너 어매는 중이 업고 갔는데 몬 봤더나?"

엄마가 부재중일 때 찾으면 항상 아버지는 이렇게 말씀을 하셨다. 근데 어머니를 찾을 때는 이런 대답을 하시지 않았던 것 같다. 엄마는 아버지께 마음으로 늘 빗장을 치고 살았다. 행여 귀밑머리 푼 이녁에 대한 죄책감을 이렇게 만회하기 위한 면죄부로 생각을 했을까? 자존심이 상한 아버지께 엄마는 늘 이방인과 같은 존재였을 것이다.

노인시설에서 근무할 때, 아버지와 비교가 되는 몇 분의 할아버지가 계셨다. 몸이 아주 불편해서 일상생활에 많은 도움을 받으셨다. 고려장 시켰다고 자식들에게 원망이 깊자, 아예 면회조차도 오지 않았다. 입원 관계로 전화를 하거나 보호자 서명이 필요할 때면 고의적으로 전화를 거부했으며, 전화번호를 바꾸는 가족들도 있었다. 오죽했으면 하는 생각이 들다가도 아버지와 격세지감에

씁쓰레했다. 내 아버지가 아니어서 얼마나 감사 했는지 모른다.

어느 후원자의 말이 각인되어 있다.

"나는 노인들한테는 후원을 하지 않는다. 당신들이 잘못 살았기 때문에 늙어서 버림을 받는 것이다. 내가 잘못 산 대가는 내가 책임을 져야 한다. 그렇지만 아이들이 부모 잘못 만난 것은 자신의 선택이 아니기 때문에 도와줘야 한다."

틀리지 않았지만, 우리 부모님들의 세대에는 자식을 위해서라면 모든 것을 다 주고 빈껍데기가 되어야 오롯이 뱀처럼 허물을 벗을 수가 있었다. '나'를 망각하고 사신 분들인데 어떻게 가난이 내 책임일 수만 있겠는가? 하고 마음속으로만 대답을 했다.

아버지는 두 어머니와 한 집에서 살면서 마음은 아니고, 행동만 공처가를 자처하셨다. 내가 어렸을 적에는 수돗물이 없어서 우물에서 함석으로 된 물동이로 이고 날랐다. 물론 물지게가 있었지만 그건 아버지들이 지지 않고 장성한 아들들 몫이었다. 오빠가 어릴 때는 아버지가 하신 걸로 어렴풋이 기억이 난다. 가뭄에는 새벽부터 줄을 서지 않으면 물을 길러 갈 수가 없었는데, 아버지는 기어이 우리 집 드무(물독)를 비우지 않으셨고, 아궁이에 불을 때거나 절구통에 떡을 찧거나 하실 때도 도움을 많이 주셨다.

단아하고 지적인 어머니, 감정에 치우쳐서 말을 가려서 못 하는 엄마, 이 두 여인들 중에 그래도 누구에게 더 저울이 기울어졌는지 궁금하기도 하다. 나는 어머니이기를 바란다. 우리 자식들이 아무리 엄마보다 어머니를 더 많이 따랐다 하지만, 그래도 채울 수 없었던 공간도 있었을 것이다. 그 자투리에 아버지로 채워졌기를 바라고 싶다.

엄마는 당신 자신은 아버지를 사랑하지 않았으면서 어머니께 호의적인 아버지 모습에 자주 강새암을 보였다.

"자슥 새끼들이나, 영감탕구도 저 어머이만 좋다 쿠고, 집구석에 쎄빠지 종살이를 하모 뭐 하노! 아이구 내 팔자야!"

"옴마! 거기 아이고 옴마는 하도 말을 벌로 한께 아부지가 그런다 아이가! 옴마 니도 아부지한테 좀 잘해 봐라!"

나는 그날 엄마께 욕을 바가지로 얻어먹었다.

"야, 움디 가시나야, 내가 몬하는 기이 뭐꼬!"

나이가 어려서 엄마의 보이는 것만 질책을 해서 오히려 아버지나 어머니께 좋은 영향을 미치지 못했다. 지금만 같아도 엄마의 마음부터 위로했더라면, 빗장을 친 마음을 열 수 있었을 텐데 후회스럽다.

눈을 좀처럼 보기 힘든 남녘에도 올해는 유난히 많이 내렸다. 아버지 어머니 무덤가에는 아직도 잔설이 남아서 햇볕에 빛나고 있었다. 가만히 귀 기울여 들어보면,

"야야! 치분데 머하로 왔노! 눈도 왔는데 단디(조심)해서, 퍼뜩 내리 가라!"

하시는 것 같아서,

"보고 싶어서 안 왔십니꺼! 와 이래 늦게 낳아 갖꼬, 일찍 갔십니꺼? 오데를 가모 아부지 · 어머이를 볼 수 있십니꺼? 내가 이래 찾지 않거로 조금만 덜 사랑해주지, 우짠다꼬 글키나 좋다캐가 가심을 아푸게 합니꺼? 대답 좀 해주이소!"

오랫동안 아버지의 빙의가 들린 내 가슴에는 아직도 못다 한 노래가 쏟아져 나오고 있다.

아버지 살아계실 적에 눈을 대야에 가득 끌어 모아서 쇠죽 끓이는 솥에 넣어 주셨다. 눈 녹인 물로 세수를 하면 피부가 좋아진다고 우리 딸들에게 자주 권하셨다. 하긴 그때는 환경호르몬이 뭔지 모를 때였기 때문에 전혀 근거는 없지 않았을 것이다. 심지어는 그 눈에 사카린(설탕보다 입자가 굵고, 쓴맛에 가까운 단맛 나는 덩어리)을 넣어서 먹던 사람들도 있었는데, 그에 비하면 우리 집은 양호했다. 겨울날 펄펄 내리던 눈이 쌀가루가 되어서 배고픈 사람들의 허기를 채울 수 있다면, 하는 생각을 한 적도 있었다.

내 아버지는 사랑하는 여인은 품지 못했지만, 자식들과 흙을 사랑하셨다. 나도 오늘은 흙처럼 뿌린 만큼 거둬들이는 아버지의 결실이고 싶다.

내 아버지는 자상한 웃음꾼이다

아버지는 준수한 용모에 웃음을 겸비하셔서 주변 사람들을 즐겁게 했다. 특히 큰집 올케언니는 혹독한 시집살이로 눈물이 마를 날이 없었는데, 아버지와 어머니는 그녀의 정신적인 위안이었다.

"잔아부지하고 우리 아붐(시아버지)은 같은 형젠데, 우찌 이리 다른지 모리겠다 아입니꺼, 지가 잘몬 했이모, 말씸을 하모 됐낀데 에헴, 에헴 하고 담뱃대만 뚜디리서 몬 살겠십니더!"

"야야, 질부야! 행님이 겉으로 그렇지 속으로는 거기 아인기라, 힘들겠지만 참고 살다보모 좋은 날 올끼다!"

특별한 말로 위로를 할 줄은 몰랐지만 올케의 가슴속에 아버지는 치유하는 마음의 벗으로 자리매김하고 있다는 그 자체가 너무나 인간적인 것이다. 그랬다. 아버지는 참으로 정이 많으셨다. 아버지께만 유독 자식이 귀했지, 그 시대에는 자식들의 방대한 숫자가 가난에 비례했고, 유아사망률이 높은 시대적인 비애가 있었다.

두 분의 큰아버지가 계셨는데, 성장하면서 사촌들이 많이 죽었다. 그럴 때마다 아버지가 조카들 주검을 양지바른 곳에 묻어 주셨다고 했다. 그들의 영혼이 아버지 자식들로서 우리가 환생하지 않았나 하는 생각이 들 때가 있었다.

어릴 때 나를 놀린다고 동네 오빠가,

"너 아부지 씨사이(웃긴다)다. 너 할매가 죽었을 때, 어매 인자 그만 울까요? 하고 물어 봤다더라!"

나는 그 말이 욕인 줄 알고 얼마나 울었는지 모른다. 의식적으로 아버지에 관한 건 손톱만큼이라도 안 좋은 건 있을 수가 없었으며, 무조건 아버지는 다 좋아야 했다.

오늘 이렇게 내가 사회복지현장에서 일을 하면서 아버지를 돌이켜본다면, 아버지야말로 진정한 봉사정신에 입각해서 나를 희생하지 않았나 싶다. 특히 궂은일을 많이 전담하신 걸로 알고 있다. 무연고의 시신을 염해서 장례를 치르고, 결핵 환자의 사후를 당신 손으로 화장을 해서 좋은 세상으로 인도를 하셨다.

"아부지! 오데 갔다 오는데요?"

"저 누구 똘똘 싸 갖꼬 불태우고 안 왔나?"

"와 아부지가 하는데예?"

"그라모 누가 하끼고? 살았일 적에는 우리랑 똑같은 사람인데!"

나는 이기적인 생각인지 모르겠지만 내 아버지가 그런 일은 절대 하지 않기를 바랐다. 만약에 아버지께서 박경리 《토지》 속의 지식인 계층이었다면, 독립운동보다는 습지의 민초들을 위해서 몸으로 부대끼면서 살지 않았을까 하는 생각이 많이 들었다. 특히 일제 강점기, 그 이전에는 더 심했겠지만 '백정'이라는 직업을 가진 사람들은 감히 인간으로 대접을 받지 못했던 아픔을 책에서 봤다. 내 아버지였더라면 그들과 함께 공유했을 것이라는 생각을 많이 들게 한다.

나에게 사회복지사라는 직업은 아버지 유전인자를 물려받았기 때문이 아닐까? 나름대로 해석한다. 물론 나는 특별한 봉사정신으로 시작한 것은 아니었다. 정신과 몸이 온전하지 못하는 그들을 봤을 때, 아! 여기는 너무나 내가 있을 세상이구나 하고 몸에 전율이 일듯이 감겨져 왔다. 문맹인 아버지께서 봉사라는 의미도 전혀 모르고 실천했던 것처럼, 나에게도 그런 의미로서 아버지의 실천을 접목시켜 본다.

장애를 가진 저들이 나에게 도움을 청할 때 아버지였다면 어떻게 말씀을 하셨을까? 특히 트레바리한 성격 앞에서는 엄마가 연상되셨을 테고, 아마도 지금 나보다는 더 보듬고 다독거려 주시지 않았을까 생각한다. 아버지는 종교와는 무관한 삶을 사셨다. 그런데도 나를 낮추고, 베풀고 낮은 곳으로 뜻이 임하신 걸 보면 이미 진정한 그리스도의 정신으로 사시지 않았나 싶다.

"뜻이 하늘에서 이루어진 것같이 땅에서도 이루어지이다." 주기도문의 심오한 뜻은 잘 모르겠지만 내 아버지는 진정 하늘과 땅의 진리를 몸소 깨닫고 실천하신 삶이었음에 나는 자부한다. 안타까운 것은 남들 앞이나, 자식들에게는 많이 웃어 주시고 농담도 잘하셨는데 정작 두 분 어머니께는 늘 침묵으로 일관하셨다. 꼭 필요한 말씀 외에는 하시지 않았다. 우리 엄마들 세대에는 남편들의 폭언은 예사였고, 심지어는 폭행을 가해도 지금처럼 이슈가 될 수 없었다. 그러고 보면 아버지는 참으로 두 분 어머니를 예우하셨다. 근데 이렇게 용하신 분이 화가 나면 엄청 무섭다는 사실을 알았다. 내가 아주 어렸을 때로 기억한다. 어머니께서 얼마 되지 않은 전답의 일부 명의를 자기 앞으로 해 달라고 하셨다. 핏줄인 이복언니가 걸렸을까? 어머니는 두뇌도 명철하셨고, 자신의 이익도 챙길 줄 아는 현명한 분이었다. 거절의 의사로 밥상을 엎으시는 걸 봤다. 후에 어머니 뜻이 관철되었지만. 이것이 아버지 최고의 분노한 모습으로 각인되어 있다. 술을 못 드셔서 술로도 풀 수 없는 아버지께서는 빈속에 담배만 피우셨다. 그러다가 소를 몰고 논에 쟁기질을 하시던 모습이 아직도 눈에 선하다.

남편은 가즈스럽기의 극치였으며, 엉너리가 몸에 철저하게 배었다. 가납사니의 대명사라고 해도 부족하지 않다. 결혼생활에서 그 절망은 내가 절벽 아래로 추락되는 환상을 수시로 경험해야 했다. 아버지는 지식인이 아니었기 때문에 듣기 좋은 말은 할 줄은 몰랐지만, 적어도 무례한 말씀은 절대 하시지 않았다. 나보다 못한 사람을 무시하지 않았고, 특히 두 아내에 대해서 함부로 대하지 않았는데 비하면 나의 짧았던 결혼생활은 오류였다. 그 오류를 세월이 한참이나 지난 지금에 나는 이렇게 합리화를 시키고 있다.

'최고 밑바닥의 불행이 오늘 내가 장애를 가진 사람들을 이해하고, 감사하는 삶을 살 수 있었던 밑거름이었다고. 결코 헛된 것만은 아니었다. 이 만큼의 불행에 오히려 더 감사를 한다.'

평범한 행복을 누리고 사는 사람들에게는 납득이 안 가고 위선으로 보일지는 모르나 극한, 극한의 처절한 몸부림이 나를 살아 있게 했다.

예전의 시설에서는 생일에는 외식과 좋아하는 선물을 구입하고, 내가 가고 싶은 곳에서 하루를 보낸다. 의사소통이 가능한 사람은 구두로 주고받지만, 그렇지 못하는 사람들에게는 그림 자료로 설명을 대신해서 여부를 타진했다.

오십대 후반의 남자분이 곧 있을 생일을 계획하는데, 동행하고 싶은 여자분 있어서 초대를 했다. 그 얘기를 들었을 때 겉으로는 웃었지만, 사실은 부러웠다. 살아오면서 남자에게 초대된 적이 거의 없었던 나, 생일이라는 개념도 없이 살아온 내가 비교가 되어서 씁쓰레했다. 이제는 딸이 성장해서 생일을 챙겨주면 많이 어색하다. 내가 누릴 호사가 아닌 것 같고, 괜한 자격지심도 드는 일련의 생각들은 아마도 내가 나를 대접하지 못한 데서 기인한 자존감의 상실이 아니었나 싶다.

나는 커피를 꽤 일찍부터 마셨는데, 초등학교 4학년으로 기억한다. 아버지께서 장에서 커피와 프리마를 사 오셨는데 정작 어떻게 타 마시는 줄 몰랐다. 커피 잔도 없었던 그때, 스테인리스 밥그릇에 찬물에 커피와 프리마를 휘저었더니 프리마는 녹지도 않고 허연 덩어리가 둥둥 뜨고, 쓰고, 경상도 식으로 '니 맛도 내 맛도 아닌' 그 쓴맛이 아직도 혀끝에서 맴돌고 있다. 지금은 짙은 블랙으로 영혼을 깨우고 있다. 블랙커피가 나에게 정착하기까지 시작은 미흡했지만 끝은 창대하게 자리 잡고 있다.

"부산 너 성당 아지매집에 간께, 내가 왔다꼬, 뭐 새캄한 거를 사발에다 타 오는 기라! 보약도 아닌 기이 뭐인고 싶어서 사발채로 다 마싰더마, 밤에 잠이 안 와서 한 숨도 몬 잤다 아이가. 인자 본께 저 커핀 기라. 그래도 달달한기 맛은 있더라. 물을 팔팔 끓여서 커피를 쪼매만 넣고, 허연 저거를 꼭 넣어라. 그래야 꼬시다. 그러고 설탕 쪼매 넣고 타 무 봐라."

아버지는 카페인이 든 커피가 어린아이에게 유해하다는 걸 모르셨고, 무조건 맛있고 좋은 건 다 해주고 싶은 마음에 난 일찍부터 커피를 마시게 됐다.

나는 오늘은 아버지가 시켜주신 대로 달달한 커피를 마시고 있다. 지금 살고 있는 달달한 인생같이.

혹

"MRI 사진을 보면 단순 지방종과 경계가 모호해서 악성의 가능성을 배제할 수가 없을 것 같습니다. 수술 중에 조직을 떼서 검사를 해야겠지만, 최악의 경우에는 발목을 절단할 수 있다는 사실을 말씀 드립니다."

아! 최악의 경우까지 친절하게 설명해 주는 주치의 말에 천장이 뱅뱅 돌고, 어지럼증이 심하게 났다. 정녕 이 말이 내게 하는 말인지 믿을 수가 없었다. 내일 있을 수술을 위해 동의서를 받으려고, 모든 경우의 수까지 동원하고 있다는 생각은 들었지만, 사시나무처럼 떨렸다. 옆에 있던 딸아이의 손을 꽉 잡아 쥐면서 눈을 감아 버렸다.

오른쪽 발바닥 아치와 발등에는 20년을 동고동락한 혹이 세월의 폭만큼 떡 하니 자리를 잡고는 주인행세를 해 왔다. 통증이 전혀 없었다. 불편한 건 양쪽 신발의 크기가 달랐고, 좀 보기 싫었을 뿐이었다. 사치를 부리자면, 하이힐을 신을 수 없었다는 것. 몇 번이나 수술을 시도했지만, “큰 병원에 가라.”는 말에 주눅이 들었다. 두려움에 시나브로 혹을 의혹하면서 세월을 보냈다.

내 기억의 망루에서 내려다보면 아버지 오른쪽 어깨에는 아기 주먹만 한 혹이 있었다. 그 정도의 크기를 기억에 담고 있으니까, 아버지도 혹과 한 세월이 수월찮았으리라.

아버지의 지게는 당신 삶이었다. 비탈진 산 비얄 묵정밭에 가난을 갈아엎고 옥토로 만들기까지 지게는 어깨의 혹을 짓눌렀고, 밭작물 몸피 따라 혹도 불리어졌으리라. 농번기에는 쉴 새 없는 지게질로 혹이 벌겋게 익어서 곧 터질 듯했지만, 아랑곳 않고 밀짚모자로 얼굴의 땀방울에 부채질하던 모습이 선하다.

나는 왜 혹을 방치하고 살았나? 정신과 병동을 거쳐 사회복지시설에 근무하기까지 혹을 수술하기 위한 짬이 나질 않았다. 행여 권고사직이나 있지 않을까 하는 소심한 나에게, 혹은 오뉴월 잡초처럼 쑥쑥 자라 뿌리를 내렸다. 여름에도 발등을 감싸는 덧신을 신어야 했고, 쿠션이 있는 실내화는 필수품으로 자리매김 되었다. 특히 목욕탕에서는 더 이상 숨길 수 없어서 항상 구석진 자리를 찾았고, 행여 사람들이 내 발에 시선을 고정시키지 않을까 전전긍긍했다. 이런 불편쯤은 장애인 시설에서 근무하는 나는 호사라 생각하고 혹을 키웠다. 오직 직장에 뼈를 묻어야 한다는 생각 외엔.

대학병원의 특성상 진료와 검사를 하루 만에 하는 것이 아니라서, 감질나게 야금야금 진료비를 파 먹혔다. 초진을 본 일주일 후에 MRI를 찍고, 또 일주일 후에 결과를 보러 갔다. 도살장에 끌려가는 기분이 들었다. 도저히 혼자 가는 게 자신이 없어서 딸이 직장에 눈치를 보면서 동행했다. 나는 예비독거노인이기 때문이다.

MRI 화면으로 보이는 발은 흡사 쌍봉낙타의 혹 같았다. 단순 지방종인지, 악성인지의 여부는 알려주지 않고, '수술을 해 봐야 알 수 있다'고 여운을 남기는 의사의 미간에 퍼진 엷은 주름이 불길했다. 몸은 중력을 잃은 것처럼 발이 땅에 닿지 않았고, 사위는 회색의 미명으로 허방에 빠져드는 기분이었다.

고등학교 2학년 가을에 아버지는 예고도 없이 돌아가셨다. 아직은 단발머리 하얀 칼라의 교복을 입은 꿈 많은 소녀는 아버지 늦둥이 막내였다. 말만 하면 다 되는 호사를 누린 철부지는 아버지의 죽음을 받아들이지 못했다. 혹독한 사춘기를 겪으면서 엄마의 혹으로 살았던 한 시절이 있었다.

수술대 위의 눈부신 조명을 받으면서, 척추마취를 위해 새우등처럼 구부렸다. 이미 육체의 고통쯤은 떨리는 심장을 우선하지 못했다. 발에 붙은 혹을 떼 내려다가 심장에 혹 하나를 더 붙일 것 같아서, 요동치는 심장을 어르고 달래어 가까스로 진정시켰다. 그 한 시간은 압축 파일을 푸는 것 같은 기분이 들었다. 드디어 혹 박

사 명의의 손길은 지난했던 세월 속으로 들어가서 말랑한 나의 혹을 떼 주었다.

나흘 후에 조직검사 결과가 나왔다. 단순 지방종이었다는 말이 안심이 되면서도, 발목 절단까지 친절하게 설명한 주치의 멱살을 잡고 싶었다. 하지만 그 의사 무슨 잘못이 있겠나! 자기 직분에 충실했을 뿐인데.

휠체어를 타 보고, 목발을 짚어 봤다. 짧은 병상에서 신체의 불편을 제대로 경험했다. 소중한 나의 직장으로 돌아가면, 더 낮은 곳에서 그들과 눈높이를 같이 하리라는 비장한 각오까지 들게 했다.

혹은 더 이상 혹이 아니었다는 생각을 하게 한다. 내 삶의 환골탈태에서 마중물이 아니었을까? 시련은 참고 견디는 것이 아니라, 정면으로 돌파해야 한다는 사실을 지금에야 개미뒷다리만큼이나 깨달아본다.

이제껏 살아 온 삶의 궤적에서, 지천명의 단면도에 혹이 탁본으로 떠졌다.

내 유년시절은 사랑의 공화국이었다

아버지는 오십이 넘어서 나를 보셨다. 하긴 그 시대에는 특별한 피임법이 없어서 생길 때까지 낳아서 양육을 했던 풍속도가 있었다. 늦둥이의 장단점은 참으로 많았다. 장점은 맛있는 것, 좋은 것은 오빠 다음으로 내가 차지했다. 단점은 다른 친구들에 비해서 부모님 연세가 할머니, 할아버지 수준이라는 점이다. 특히 씨족사회를 이루는 동네에서 촌수가 높아 부담이 컸다. 다른 친구들은 '아제'나 '아지매'로 부르는데 나는 '오빠'나 '세이(올케언니)'로 불러야 했다. 숫기가 없었던 나는 나이 든 사람들한테 부르는 호칭이 거북했다. 그래서 말을 할 때는 거두절미를 하는 습관이 타성에 젖어버렸다. 지금까지 의사전달이 정확하지 않을 때가 더러 있다.

아버지 · 어머니 · 엄마는 내가 좋아하는 것만 해주면 최고의 자식사랑으로 알고 계셨다. 무조건적인 사랑이 너무 지나치니까 나이 차가 많이 나는 오빠가 호랑이 역을 도맡았다. 그래도 몰래몰래 필요한 것은 오빠 눈을 속여서 조달을 받았다. 근데 학교 성적표에서 문맹이신 부모님 대신에 닦달을 많이 당했다. 오빠에게 혼이 나고 있으면 어머니는 옆에서,

"야야! 그래도 저 동무들 중에서는 기중(제일) 나은께 살살 멀캐라(혼내라)."고 내 역성을 들어주시면,

"어머이는 모르모 가마이 있으소. 망내이라꼬 자꾸 감싸고 돈께 사날한기, 공부도 안 할라 안 쿠요. 우리가 바로 안 잡아 주모 저거를 망치는 긴 줄 모르고 그라요."

오빠 선견지명은 맞았다. 집안에서 반대하는 결혼으로 인생 나락으로 떨어진 시절이 있었으니까. 그때 부모님께서 더 혼냈다면 나는 지금 뭐가 되어 있었을까? 밑바닥은 경험하지 않았을 테고, 지금처럼 장애인에 대한 열린 사유는 아니었을 것은 확신한다. 내 어리석음의 합리화, 이것 또한 주님께서 예비하신 나의 운명이었노라고!

진주에는 역사와 전통을 자랑하는 개천예술제가 있다. 요즘은 약간 변형이 되어, 유등축제라는 명목으로 소원등과 만화 캐릭터를 만들어서 불을 밝혀 남강에 띄운다. 불야성을 보기 위해 인산인해를 이룬다. 예전에는 가을걷이가 끝난 농민들의 휴식과 논개의 애국정신을 기리는 뜻이었다. 야시장에는 볼거리와 먹을거리가 많아서 초등학생인 나를 유혹하는 것이 많았다. 알고 보면 사람 구경이었지만.

하루는 배가 아프다는 핑계로 학교에 가지 않고 언니 따라 구경을 다녀왔다. 호랑이 오빠의 카리스마 넘치는 질책을 피해갈 수가 없었다. 딱 걸린 것이다. 그때는 의무교육이 아니어서 육성회비를 내고 다녔는데, 나는 교복이나 가방을 다른 친구들에 비해서 명품만 고집을 했었다.

"아부지가 쌔빠지게 농사지서 육성회비 내고, 비싼 교복 해 입히서 학교 보내논께, 놀러나 처 다니라꼬 하더나? 그랄 거 같으모, 책 불쏘시개 하고, 교복하고 가방은 넘 주고 니는 놀러만 다니라."

저녁을 먹고 있는 등 뒤에서 금방이라도 오빠의 주먹이 날아올 것 같은 공포를 경험했다. 맞은편에 앉은 어머니께 눈으로 구원의 사인을 보냈다.

"야야! 아 밥이라도 묵고 나모 멀캐라. 저기 밥이나 제대로 묵겄나. 내가 잘 알아듣거로 타 이럴텐께, 그만해라."

오빠는 부모님께서 연세가 많으시니까 동생들을 잘 건사해야 한다는 책임감이 상당히 많았다. 특히 아들이 혼자였기 때문에 부모님의 지나친 기대에 부담도 많았을 것이라는 것도 안다. 오빠는 우리 집 대들보답게 기대에 부흥했으며, 그때에는 부모님께 너무나 최선을 다한 아들임에 손색이 없었다. 오빠를 보면 아버지를 그대로 답습해서 조카들에게 쏟는 사랑이 아버지 버금갈 정도로 각별했다.

사회복지현장의 첫사랑인 그곳에, 나처럼 아버지를 애타게 기다리는 여자아이 있었다. 차이점은 그 아이는 살아계신 아버지를 기다렸고, 나는 살아서 볼 수 없는 아버지를 기다렸다. 실은 지적장애를 가진 아이를 시설에 맡기고 재혼을 했는데, 이 아이는 언젠가 아버지가 데려올 것이라는 희망 하나만 품고 살고 있었다.

해가 뉘엿뉘엿 지면 멋쩍은 얼굴로,

"선생님! 오늘은 우리 아빠가 바빠서 못 왔지만 내일은 꼭 미경(가명)이 보러 와서 나를 데려갈 거예요."

'그래 니는 좋겠다. 기다릴 수 있는 아버지가 계셔서.'

그 후에 아버지를 향한 마음의 병이 깊어서인지, 장애의 약한 면역체계로 인해서인지 아버지와 같이 사는 꿈을 이루지 못하고 천국의 소녀가 되었다. 아버지 삶에 장애가 되지 않기 위한 효심이었을까? 화장장에서 딸의 유골을 받아든 아버지의 절규가 너무 처절해서 감히 원망을 할 수가 없었다. 내 아버지와 너무 비교되는 아버지였지만 평생 가슴에 묻고 살아갈 십자가를 보았기 때문이다.

시골에 살았지만 보온도시락을 일찍부터 휴대했다. 친구들이 노란 쇠 도시락을 난롯불에 데워서 먹었던 시절, 자기 순서가 오지 않으면 찬밥 덩어리를 먹어야 했다. 나는 밥과 국에서 김이 모락모락 나는 도시락에 좋아하는 반찬을 점심으로 먹을 수 있었다. 우리 집은 가난했지만 문명의 혜택을 누릴 수 있었던 것은 안필도 여사의 날품팔이 덕분이었다. 물론 아버지께서 매상(추곡 수매)을 해서 많이 보태주셨지만. 자식들을 위한 열린 마인드가 아니면 그 시

대에는 절대 불가했던 가난한 시절이 있었다. 유별난 아버지의 사랑에 동네에서는,

"씨잘데기 가시나한테 뭐한다꼬 그리 잘해주노. 시집 가모 끝인데."

"아인 기라. 요새는 딸들도 잘되모 비행기 타는 세상 아이가."

참 씨사이가 씨사이 같은 소리(실없이 웃기는 소리) 한다고 질책을 당했을 아버지의 못 말리는 사랑이 나는 왜 그리 좋았을까?

십 리가 넘는 학교를 걸어 다녀야 했다. 장마철에는 아침에 멀쩡했던 날이 학교를 마치고 나오면 장대비가 쏟아진다. 어차피 집에까지 가려면 물에 빠진 생쥐 꼴이 되고 만다. 우산을 가져오는 사람이나, 비를 맞고 가는 사람이나 옷이 젖는 거는 마찬가진데 우산을 가져와야만 직성이 풀리는 아버지 마음을 나는 읽을 수 있었고, 내 사랑하는 아버지임에 너무 감사하다.

중학교 때부터 카세트가 절실하게 갖고 싶어서 자주 아버지를 졸랐다. 내가 중학생이었던 그때 당시엔 TV도 집집마다 없었던 시대였는데, 딸한테 카세트는 파격적인 선물이었다. 그때 6만 5천 원은 하절기 보리매상의 몇 가마 값이었을 것이다.

1980년대 초반에 샀던 모 회사의 카세트는 내 재산목록 1호가 되어, 내 영혼에 심금을 울려줬다. 특히 심야프로인 지방 방송국의 〈별이 빛나는 밤에〉 DJ의 느끼한 목소리는 소녀였던 나를 충분히 설레게 했다.

"별이 빛나는 밤에~." 이 멘트를 하고 난 뒤에 흐르는 시그널 뮤

직은 지금도 그 음이 가슴에 남아 잔잔한 파도타기를 하고 있다. 자주 편지를 보냈다. 매번 방송을 탔다. 친구들에게 부러움을 사기도 했으며, 다른 친구 이름으로 편지를 대신 써 주기도 했다.

안필도 여사는 잠도 안 자고 지랄용천한다고 지청구를 하면, 어머니는,

"아가 올매나 좋아하모 그리하겄노. 지 알아서 하낀께 괘안타."

고 편을 들어주셨다. 그때 방을 같이 썼던 어머니는 라디오 심야프로를 자장가 삼아야 했고, 조용필 · 윤형주 · 클래식 팝송을 강제로 들어야 했다.

지금 참 죄송한 게, 어머니도 '남인수'라는 가수 팬이었다. 애창곡이 있었는데 왜 그때 그 노래를 들려주지 못했을까? 한 번도 내색을 하지 않은 어머니께 죄송하다. 그래서 무덤가를 찾으면 어머니 애창곡을 들려드린다.

이 카세트는 훗날 아버지 장례식 때에 〈회심곡〉 테이프가 늘어날 정도로 돌려서 먼 길을 떠나시는 아버지 벗이 되게 했다.

아버지의 사랑방

아버지 사랑방은 도깨비방망이었다. 내가 말만 하면 뚝딱! 하고 다 나오는 곳이다. 학교 갈 준비를 하고 사랑방 앞에서,

"아부지! 오늘 공책 사야 되는 데 돈 좀 주이소예!"

"니는 우찌 핵교 갈 때 말을 하노? 없으모 우짤란고!" 하시지만, 언제나 내가 손을 내밀면 아버지는 주셨기 때문이다.

내가 초등학교를 다닐 때는 가난했던 시절이어서 나처럼 호사를 누리고 살 수 있었던 특혜는 흔치 않았다. 그렇다고 우리 집이 부자여서는 절대 아니다. 단지 부모님께서는 남들 앞에서 기죽어 있을 내가 용납이 안 되셨기 때문이었다.

아버지는 사랑방에서 라디오를 들으면서 화투 패를 두시는 게 최고의 오락이었으며, 위안이었다. 뉴스를 통해 정치적인 안목을 넓혀서 선거 때면 지지하는 당이나 후보에게 유권자의 당당한 권리행사를 하셨다.〈법창야화〉나 〈전설 따라 삼천리〉는 어린 나도

뜻도 모르고 같이 즐겨 들었다.

사랑방 흙벽에는 옷을 거는 횃대가 있고 실겅(벽과 벽을 나무로 나란히 연결해서 바구니나 각종 씨앗들을 얹는 것)에는 우리들이 공부했던 책들과 과자 부스러기 같은 것들이 얹혀 있었다. 방바닥에는 작은 나무상자가 있었는데, 물고기 문양 정첩의 자물쇠가 잠겨 있었다. 그 속에는 논문서나 중요 서류가 들었던 것으로 짐작을 한다.

나랑 나이 차가 나는 언니는 외모에 상당히 관심을 가졌다. 나를 닮지 않고 예쁘장하게 생겨서 동네 총각들한테 인기가 좋았다. 예쁜 언니를 둔 동생들은 과자로 회유를 많이 당했다. 데이트 편지 전달을 맨입으로 시키지 않는 양심 덕분에 과자를 배불리 먹을 수 있었다. 언니가 아버지 사랑방을 청소하면서 비닐장판 밑에서 곰팡이가 핀 돈 3만 원을 발견하고 쓱싹해버렸다. 그 길로 성형외과에 가서 쌍꺼풀 수술을 했다. 40년이 가까운 요즘에 그때 성형수술 수준은 잘 모르겠지만 어렸을 때 기억으로는, 눈이 퉁퉁 부어서 앞도 안 보이는 것 같았다. 한밤중처럼 깊은 선글래스까지 끼고 있어서 이건 영락없는 집안의 망신이다.

"엉가! 눈이 와 그렇노? 시퍼래 갖꼬 누구한테 얻어맞았나? 오빠한테 일러 주까?"

"가시나야! 니는 몰라도 된께 가마이 있거라! 배고파 죽겄다. 물(먹을 거)거나 갖꼬 오이라!"

골방에 숨어서 나를 부려먹은 적이 있다. 그 돈이 아버지 비자금이어서 집안 식구들한테 말도 못하고 끙끙 앓았을 것을 생각하면 철없는 언니가 원망스럽다. 한참 후에 언니는 아버지께 고백을 해서 용서를 받았지만, 쌍꺼풀 수술에는 관대하지 못하셨다.

우리 동네 덕실 강 건너에는 다름산이 있다. 산줄기가 여인네의 칭칭 감겨진 치마폭처럼 골짜기가 깊이 파여서 우리 동네를 굽어보고 있다. 유유히 흐르는 강물에는 다름산의 그림자가 길게 늘어져 있고, 어른들께서는 명지바람에도 봄시위가 날까 봐 우려를 했다. 그만큼 농사는 천지의 합작품이기 때문이다. 덕실 사람들 봄소식은 다름산에서 왔다. 바위틈 절벽에 핀 한 무더기 진달래는 강 건너 사람들 가슴속에 춘정을 불러일으키기에 충분했다.

"아부지! 저기 다름산에는 누가 삽니꺼?"

"산 임자가 살제!"

아버지는 농부였고 문맹이셨지만 참으로 로맨티스트 같은 말씀을 많이 하신 것 같다. 남들은 씨사이(웃긴다)라고 하셨지만 긍정적인 사고방식과 자연을 닮은 넉넉한 품을 지녔고, 사물에 대해서 웅숭깊었다. 아버지는, 나는 거기서 왔고, 거기로 돌아갈 것이기 때문에 다름산은 내 영혼의 안식처라는 것을 은연중에 피력하신 것 같다. 그래서 다름산의 임자는 사람이 아니라 그 속에서 공생하는 식물과 동물들이었던 것이다. 그 다름산에서 나는 새소리, 바람 소리는 아버지 사랑방에서 들었던 라디오 소리를 환청하게 한다.

정신과 병동에 근무할 때다. 아버지뻘 정도의 어르신이 계셨다. 늘 종이를 잘라서 갖가지 학 · 거북 · 연필꽂이 · 작은 상자를 만들어서 나를 주시곤 하셨다. 동물을 만들 때는 어미 등에는 새끼가 항상 타고 있었다. 집중해서 만들고 계실 때 옆에 가서 커피를 권하거나 아니면 손놀림만 보고 물러 나오곤 했다. 얼굴에는 미소가 번져 있었는데, 당신이 계신 그 세계가 천국인 것마냥 행복해보였다. 아버지가 새끼를 꼬고 앉아 계시는 모습으로 연상이 되어서 자주 찾았던 것 같다. 더구나 지적장애를 가진 사람들이 알코올 중독 환자들한테 수난을 당하면 할아버지는 제지를 시켜 주셨다. 그 인간미는 너무나 내 아버지였다. 끝내 가족들 품으로 귀가하지 못했다. 노인시설로 입소하시는 걸 보고 나는 퇴사를 했다.

세상 속에서 안 계신 내 아버지 닮은 분을 찾기 위해서 방황한 적이 있었다. 못다 한 부성애의 대리만족을 위해서 그토록 헤매었는지도 모르겠다. 긍휼히 여기사, 기독교 재단의 장애인 시설에 입사를 했다. 거기서는 예수님을 '아버지'라 부르고 있었다. 오랜 세월 무신론자로 살아온 내게 '아버지'라는 호칭을 허락하셨다. 그래서 지금 나는 '아버지'를 목청껏 부르고 있다.

언니 쌍꺼풀이 시간을 지나면서 어색하긴 했지만 예뻐 보였다. 하루는 사랑방에 놀면서 아버지 공구함에서 본드를 보았다. 떨어진 물건을 붙일 때 아버지는 그것을 꺼내 사용 하시는 걸 눈여겨보았던 것이다. 거울 앞에서 없는 쌍꺼풀을 연필을 그렸다가, 유리

테이프를 가늘게 잘라서 붙이고를 반복하다가 지속적이지 않아서 본드를 눈가에 펴 발랐다. 그날 난 실명을 하면 이렇게 되는가 보다 하고 죽을 뻔한 경험을 했다.

"움디 가시나! 지랄용천을 하네! 몬 생긴 기이 눈까지 처 멀모 누가 봐 주끼 던고! 꼴 좋겄다!"

언니는 자신의 도둑 성형수술은 아랑곳하지 않고 위험행동에 대한 경각심을 안필도 여사 식으로 인식시켰다.

쌍꺼풀의 콤플렉스가 심했던 유년시절이 있었다. 아픈 기억을 만회하기 위해 오래전에 수술을 하고 자연스럽지 않아서 재수술까지 했지만, 여전히 마음에 들지 않는다. 워낙 본판불변의 진리가 커서일까?

지하에 계신 아버지와 어머니(낳지 않으신 분)는 고슴도치 사랑 그 자체였다. 이 세상에 우리 자매들보다 예쁘다고 하시는 걸 보지 못했다. 어머니는 중매를 많이 하셨는데, 어릴 때 나는 항상 물어봤다.

"어머이! 신부 예뿌더나?"

"하, 아가 오양이 갖추진 기 덕성스럽게 생깄니라, 너것들 만큼은 몬해도. 내가 아무리 딸아들을 봐도 너것들 만큼 잘난 것들은 몬 봤니라."

헐! 미의 기준이 우리 어머니와 같으면 얼마나 좋을까? 박색인 안필도 여사 이목구비와 아버지 넙적한 수족을 판에 박듯이, 한 치의 오차도 없이 나는 닮아버렸는데.

내가 지금 이십대라면 성형의 견적이 얼마나 나올까? 다행이다. 그나마 외모에 관심을 덜 가져도 되는 지천명을 지났으니까. 그럼에도 나는 '이뿐이 엄마'로 불리고 있다. 내가 근무하는 곳의 천사들이 시키지도 않았는데 오래전부터 이렇게 불러서 처음에는 나도 적응이 안 됐다. 직원들의 의아한 눈빛을 감당해야 했지만 지금은 자리매김이 되어버렸다. 외부에서 손님들이 와서,

"여기 이뿐이 엄마가 누구죠?" 물으면

나는 당당히 "접니다." 하고 대답을 한다. 실망을 하거나 말거나 내 잘못은 아니기에 개의치 않는다.

아버지 사랑방은 오래전에 새 집을 지으면서 허물어졌다. 내 기억 속에는 사랑으로 오롯이 남아 있다. 그 사랑방에서 받은 사랑과 도깨비방망이를 오늘 나는 저들의 가슴과 손에 들려주고 싶다.

"아버지 나와라! 뚝딱!"

"어머니 나와라! 뚝딱!"

아버지의 요랑(워낭)소리

"이랴! 이랴! 워~ 워!"

소는 아버지께 가축이 아니라 자식이었다. 소꼴을 베거나 쇠죽을 끓이는 일로 아버지는 하루가 시작된다. 특히 겨울 가뭄이 심할 때는 마른 여물로 대신해도 되련만 굳이 우물가의 물을 받아 김이 모락모락 나는 쇠죽을 끓이셨다. 소의 뽀송뽀송한 잠자리를 위해서 외양간 거름을 매일 치셨고, 마른 짚으로 깔아주신 덕분에 우리 소만이 엉덩이가 매끈했다. 남의 집 소를 보면 오랜 시일 소똥에 짓눌린 엉덩이에는 거북이 등껍질 모양의 똥이 주렁주렁 매달려 있었다. 추위에는 짚으로 짠 방한복을 입혀서 양지바른 곳에 매어 놓고, 즐거운 귀를 위하여 라디오 볼륨을 높여 주셨다. 그 정성은 사랑스런 아이의 양육 자체였다.

내가 초등학교 가기 전으로 기억이 된다. 세상 편하게 되새김질을 하고 있는 소 등에 엉겁결에 올라탔다. 기습적으로 공격을 당한 소는, 마치 성난 투우의 한 장면을 연출했다. 뜸베질 대신에 쇠지랑물에 빠진 대가를 고맙게 생각해야 했다.

“가시나! 미쳤나. 가마이 있는 소한테는 와 올라 타노. 발에 처밟힜이모 못생긴 얼굴 더 납작해졌이끼다.” 하고 언니가 놀렸다.

시골에는 겨울에 목욕하는 것이 참 힘들었다. 우리 집에서는 쇠죽을 끓이는 가마솥에 물을 덥혀서 엄마가 때를 빡빡 밀어주셨다. 아직도 그 손맛에 등이 따끔거리는 것 같다. 물이 식으면 가마솥에 넣은 채로 불을 때서 영락없는 아기 돼지 탕을 만들었다. 그 땟물로 쇠죽을 끓이셔서 아버지께 물었다.

“아부지! 더럽거로 우찌 쇠죽을 끓입니꺼?”

“괘안타. 아아들 때는 보약인기라.”

지금 생각하면 그 소한테 상당히 미안하다. 하긴 그때는 세상의 때가 묻지 않아서 아버지 말씀처럼 보약이었는지도 모르겠다.

지게의 멜빵과 등걸은 항상 반들반들 닳아서 짚이 늘 튀어나와 있었다. 묵정밭을 개간한 밭에는 지게가 아니면 해당사항이 안 되었다. 밭작물이 나는 수확의 계절에는 우리 집 식구들이 총동원 되었다. 엄마와 언니들 머리에는 똬리를 받쳐 대야로 이고 날랐다. 오빠의 맞춤형 지게에는 고구마 넝쿨이 져졌다. 우리 집 가족인 소식량으로 아버지는 빠짐없이 챙기셨다. 이런 날에 나는 새참 심부름을 위해 물주전자를 들고 따른다. 산속으로 난 길에 우리 집 식구들 행렬에 아버지는 뿌듯해 하셨다. 자주 고개를 돌리신 모습이 선하다. 남들한테는 평범한 일상이었지만, 내 아버지 당신께는 최고로 영화로운 순간이었지 싶다. 그리고 당신 상여를 따르는 상주들로 환상을 하셨을 것이다. 그 시대에는 상주 숫자가 많을수록 성공적인 삶이 가늠됐지만, 아버지는 성공적인 삶보다는 아들을 가졌다는 자부심이 더 컸을 테니까.

나와 나이 차가 나는 언니는 효심이 깊었다. 아버지가 무거운 지게를 지고 산비탈에 다리를 부들부들 떨고 내려오시는 것이 안쓰러워 대신 짐을 많이 졌던 것으로 안다. 아버지께서 많이 말리셨지만, 이 또한 황소고집이라 아버지조차도 꺾을 수가 없었다.

"나는 아부지 지게를 내가 마이 받아 져서 어깨가 넓어진 기라. 아부지가 쪼매 덜 져서 편하까 싶어서 안 그랬나."

언니는 그때의 탄탄한 기본기로 부농의 아내로 살고 있다. 언니는 나의 벗이자 정신적인 위안으로 존재하고 있다. 가끔은 아버지 보살핌 같은 손길로 나를 챙길 때가 있어서서 참으로 감사하다. 특히 오래전에 내가 이혼을 하고 가족들이 외면할 때 이 언니만이 구원의 손길을 내밀었다. 빚이라는 십자가를 지고, 가시 면류관을 쓴 내게 내민 하얀 봉투는 돈이 아니라 희망이었다.

"가시나야! 망내이라꼬 올매나 사랑을 많이 받고 컸는데 우짠다꼬 니가 이리 됐노. 아부지가 지하에서 알모 벌떡 일어나실 기다. 결혼도, 이혼도 니가 선택한 긴께 노력하고 살모 좋은 세상 올 끼다."

아버지 지게처럼 대신 져줄 수 없는 동생의 안타까운 삶에 방관하지 않았다. 나를 챙겨준 덕분에 홀로서기에 일찍 자리매김이 되었다.

"꼭지야! 퍼뜩(빨리) 물 떠 오이라! 오빠가 지금 목이 말라서 소 오줌을 받아 마시고 있다 아이가!"

언니도 가끔은 아버지처럼 씨사이였다. 그래서 우리는 더 사랑했다.

고등학교 2학년 늦가을에 아버지는 예고도 없이 돌아가셨다. 72세의 삶을 마감하면서 위대한 정신적인 유산 버금가는 소중한 재산을 남기셨다. 소값이 최고 주가상승과 맞먹었던 시대의 흐름이 있었다. 그 소는 새끼를 품고 있어서 내 대학등록금 정도는 문제가 아니었다. 아버지가 돌아가시고 소는 만삭이 되어 출산을 하는데, 난산으로 진통이 심했다. 수의사가 왔지만 사산 앞에서는 속수무책이었다. 소도 아버지 안 계신 빈자리를 알았을까? 사산의 후유증이 컸는지 이 어미 소마저도 아버지를 뒤따라갔다. 소는 가축이 아니라 아버지를 사랑한 나와 똑같은 자식이었다.

아버지 저승길에는 막내 울음소리와 워낭 소리 때문에 편하지 못하셨겠지만, 이제는 나도 아버지를 편하게 내려놓으려 한다. 아버지께 받은 그 사랑을 나누고 싶은 사람들이 너무 많기에 더는 슬픔으로 추억하지 않고 감사와 웃음으로 이 가슴에 영접하려 한다.

유난히도 추운 올 겨울에는 어릴 적 따뜻한 기억 속으로 파묻혀 본다. 가마솥에 쇠죽을 끓인 아궁이 재를 담아서 화롯불에 모여 앉아 고구마를 구워 먹었다. 바람이 앙상한 나뭇가지를 흔들어서 마치 귀신의 춤사위를 보는 듯했고, 바람 소리는 귀신이 우는 것 같아서 이불 속으로 파고들게 했다. 외양간 소는 '움~매 움~매' 하고 맛있는 쇠죽을 되새김질하다가, 바람에 놀라면 목을 흔들어서 워낭 소리를 내었다. 그러면 아버지는 나오셔서 소의 무사한 밤을 살피고 목 줄기를 쓸어서 안심을 시키셨다. 그 겨울 황소바람에 문풍지 떨림과 워낭소리는 세월 속의 연민으로 자리하고 있다.

"흙은 내가 쪼매만 꿈직이모 알아서 싹이 나고, 꽃이 피고, 열매를 맺은께 올매나 착하노. 흙이라꼬 다 똑같은 기이 아이고, 지를 이뻐해야만 지 자리를 내주고 받아준다 아이가."

농부인 아버지가 흙을 예찬하는 너스레는 '춘원'의 '흙'보다도 내게는 더 명언으로 자리하고 있다.

"아부지!"

"와!"

"오렌지 향기 바람에 날리고 온제 합니꺼?"

"몰라, 탱잔가 오렌진가 지 할 때 되모 하겠제!"

뜻도 모르는 라디오의 애정 연속극에 심취했던 유년시절로 도르래가 세월을 감아서 데려다 줄 수는 없겠지만, 나는 아버지 늦둥이 막내딸이다.

아버지!

'하늘 어느 구석에 잠재우신 당신의 넋을 위하여 오늘은 다만 한 움큼의 선혈을 쏟겠습니다.'라고 초혼한 열아홉의 막내가 지천명을 살고 있습니다. 바리데기처럼 지옥 불에라도 뛰어들면 아버지를 만날 수 있을까? 어디에 가야만이 아버지를 만날 수 있을까? 생과 사의 엇갈린 운명에 항거라도 하듯이 아버지를 외쳤던 열아홉 시절이 있었습니다. 그만큼의 세월을 더 살아버린 오늘에야 아버지를 진정 보낼 수 있겠기에 무릎을 꿇었습니다.

아버지!

오늘은 까치가 하도 서럽게 울기에 내 머리 위에 아버지가 보고 계시는 것 같아서 한참이나 서성였답니다. 열아홉에는 보이는 아버지를 그리워했지만, 이제는 보이지 않는 아버지도 볼 수 있어서 절규는 토하지 않으렵니다.

아버지!

이 하늘 아래 당신이 내 아버지로 오셔서 얼마나 감사하던지요. 우리의 천륜은 태곳적부터 예견되어 있었겠지요. 그래서 소중하고 또 소중한 내 아버지 당신을 사랑합니다!

03

안상순 여사의 자식 탐하기

어머니

나의 출생을 비관한 사춘기 시절이 있었다. 그 화살을 여지없이 낳지 않으신 어머니께 자주 꽂았다. 엄마가 밖에서 품팔이하는 것이 싫었고, 아이들이 뜻 모르고 내뱉는 '첩의 자식'이라는 말은 더 싫었다. 이 모든 화근은 어머니라 믿고 화풀이를 많이 했다.

"우리 집이 무슨 대단한 가문이라꼬 아들이 필요했는데? 아들을 낳아 주었으면 됐지, 옴마를 와 고생시키노? 큰집에 사촌오빠들도 쌔빘는데 양자 삼았으모 됐을 거 아이가?"

"하, 그랬니라! 내한테는 삼신할매가 하나도 안 주는 아들을 너 큰집에는 아들만 우찌 그리 수도룩하거로 점지했는지 나도 원망을 마이 했다. 그래서 처음에는 사촌 오래비 하나를 데꼬 와서 안 키웠나? 그란데 아무리 너 아부지 보고 '아부지'라 불러라 캐도, '잔아부지'라 부르는 기라. 큰집에 있을 때보다 잘 묵고, 잘 해 입히는데도 아가 정이 안 가는지, 살도 안 찌고 해서 이러다 병들까 싶어서 보냈는 기라. 그 오래비가 명이 짧아서 얼마 전에 안 죽었나. 그때 복 없는 내가 쭉 데꼬 있었으모 우찌 됐겠노?"

변명처럼 들렸다. 오직 듣기 싫은 소리를 듣는 그 자체가 싫었을 뿐이었다. 아니 어머니 말에 귀를 열지 않았다. 당신 스스로의 천형으로 인해 수절과부였던 엄마를 일부종사 못 하게 했고, 우리들 1남 3녀를 어머니가 둘인 가정에 태어나게 한 죄, 그 대가를 어머니는 마땅히 치러야 한다고 생각을 했었다.

"넘들은 숩거로 사촌도 자석인데, 후제 장사 지내고, 제사 지내주끼라 캤지마, 아이다 너 아부지 핏줄이 있어야 되는 기라! 오데 죽고 나서 장사 지내고, 제사 지내는 것 땜에 아들을 원했겠노. 내가 너 아부지대에 대를 끊는 이런 죄가 또 오데 있겠노, 평상 살았던 기 허산데 우찌 내가 그리 하겠더노."

"무슨 대단한 유전인자라꼬."

어머니는 뜻을 몰라 대꾸를 하지 못했다. 어머니가 말한 그 절대적인 대가 이 시대에는 멸종 위기가 되어버렸다. 나를 희생해서 자식을 양육하고 싶은 생각이 없을뿐더러, 직장과 병행하는 육아가 쉽지 않은 시대가 되어버렸다. 어머니가 오빠를 통해 우리 집 대를 이었지만, 정작 오빠 아들 세대에서 절손이 된 사실을 아신다면?

어머니가 아들에 집착한 또 다른 이유가 있었다. 당신 자신이 아들이 없는 친정에서 장녀로 태어났기 때문이었다. 혈육이라고는 이모 한 분이 전부여서, 외할아버지와 외할머니를 절에다 모시고 아들 노릇을 하셨다. 당신 운명을 무남독녀였던 언니(이복언니)에게 대물림하지 않으려는 염원이 간절했을 것이다.

기독교 재단의 장애인 시설에 근무하면서 성경말씀을 자주 듣는다. 하루는 설교하시는 목사님께서, 아브라함이 아들을 얻지 못하자 여종을 취해서 아들을 얻었다고 하셨다. 그러시면서,

"우리나라도 조선시대에 씨받이라고 있었는데, 그건 죄가 아니었다."라고 해서 그 말이 얼마나 위안이 되었는지 모른다. 여종의 씨앗이 아니라서 다행이었고, 아브라함의 후예가 아니라 감사했다. 만약에 그때, 반항의 불씨가 활활 타오를 사춘기에 이 말씀을 들었다면 난 어머니를 덜 원망했을까?

내가 고등학교를 다니던 때는 전형적인 교복의 마지막 세대였다. 겨울이면 하얀 칼라를 눈처럼 희게 씻어서 빳빳하게 다림질을 해 다는 게 여학생들 자존심이었다. 근데 감침질이 아귀가 맞지 않아서 비뚤면 나는,

"이기 뭐꼬?"

하고 우악스럽게 실밥을 확 뜯어버렸다.

"아이구, 인자 눈이 어두바서 전에 안 겄다."

학교 다니는 것이 벼슬인 모양 유세를 떨었다. 특히 어머니께 의식적으로 더 그랬던 것은 엄마 화풀이를 대신해주는 것 같은 못된 희열을 느꼈다. 엄마를 싫어했지만 대리만족을 해주고 싶었던 이율배반적인 생각을 철이 없음의 용서를 빌고 싶다.

어머니가 두 분인 관계로 모든 수발을 다 들어주셨다. 지금 생각하면 이것이 나의 자립심에 한없는 방해였다는 것을 알기 때문에 나는 아이들을 강하게 키웠다. 사막에서도 살아남을 수 있는 자생력을 길러주고 싶었다. 힘든 아르바이트를 하면서 용돈을 벌어 쓰는 것이 마음은 아팠지만 참았다. 스스로 삶을 살아갈 수 있는 능력이야말로 억대의 유산보다 낫다는 인식을 시켰다. 실은 물려줄 게 없는 합리화였지만!

첫차가 새벽 06시 50분에 있었다. 겨울에는 별 보고 가서 별 보고 온다고 하시면서 어머니만 유독 안타깝게 말씀을 하셨다. 엄마는 차 시간 놓칠까 욕으로 닦달을 하셨지만. 월요일 아침에는 챙겨갈 것이 부지기수였다. 그러면 어머니는 옆에서 이 가방에는 체육복을, 저 가방에는 교련복을, 도시락과 실내화를 차근차근 챙겨주시고 마지막으로 교복 코트를 직접 입혀 주셨다. 지금 생각하면 내 삶의 최고 호사가 아니었나 싶다.

내가 장애인 시설에 근무하면서 느꼈던 것은 우리 아버지와 어머니가 진정한 사회복지사의 마인드를 가진 분들이라 절감할 때가 참 많았다. 사랑과 희생, 물론 철저하게 내 가족을 위했지만. 내 가족을 위할 수 있는 사람들이라면 남들도 위할 줄 알며, 사랑할 수가 있기 때문이다. 나는 감히 자부한다. 사랑을 받아봤기 때문에 나눌 줄도 안다고!

어머니는 문맹이었지만 지성과 교양을 갖춘 요조숙녀 같은 이미지를 풍겼다. 미인형의 얼굴에서 풍기는 외적인 것 말고, 진정 내면에서 우러나오는 그 뭔가가 있었다. 엄마는 이런 어머니를 질투했다.

"평상 고상이라꼬 안 하고 살았은께 늙을 일이 뭐가 있던고."

아버지는 처복은 없었다. 어머니가 교양을 갖춘 요조숙녀였다고 하지만, 남자에게 살갑고 애교를 부리는 여인은 아니었다. 아내의 의무는 너무나 성실히 했지만. 엄마는 싸움닭 같아서 항상 서슬 퍼렇게 벼슬을 세우고 있었다. 어머니가 기품 있는 청자라면, 엄마는 투박한 질그릇이었다. 그렇지만 아버지의 사랑은 청자에도, 질그릇에도 담지를 못했다.

초등학교쯤으로 기억을 한다. 풋감이 익어가는 초가을에 학교를 가는데, 느닷없이 배가 아파서 도저히 십 리를 걸어갈 엄두가 나질 않았다. 집으로 돌아왔다. 부엌에서 설거지를 하던 어머니가 깜짝 놀라셨다.

"우짜노! 잘몬 문 것도 없는데 와 이라노. 퍼뜩 와서 누버라."

급한 김에 땡감을 따서 짓이겨 삼베에 짜 즙을 내주셨다. 그 떫은 맛, 뱉어버리고 싶었지만 어린 마음에도 어머니 정성으로 먹었다. 그러고는 어머니가 배를 문질러 주셔서 한숨 자고 일어나니 괜찮아졌던 기억이 있다. 땡감 즙이 복통에 효능이 있는지 의학적 근거는 모르겠다. 나의 유년시절 지독한 사랑은 늦둥이로 태어난 실

수가 전화위복을 가져다주었기 때문이었다.

나의 어머니 안상순 여사, 택호는 유산댁이었다. 엄마와 성이 같아서 안 씨 종친인 줄 알았다. 은근히 자기 집안이 더 양반이라는 세력다툼도 하지 않았나 싶다. 하긴 어머니 친정 쪽에서는 한 자리 한 사람도 많았다. 어릴 때 보면 간혹 동네 사람들이 어머니를 통해 청탁을 하는 것을 어렴풋이 봤던 기억이 있다.

안상순(어머니) 여사와 안필도(엄마) 여사는 체격이 도토리 키 재기로 비슷해서 뒷모습은 우애 있는 자매 같았다. 그래서 나는 어릴 때 어머니와 엄마가 언니와 나처럼 자매인 줄로만 알았다.

"엉가! 옴마는 와 어머이한테 '엉가'라 안 부르고 와 '저 어머이'라 쿠노? 나는 엉가 니한테 '엉가'라 쿠는데."

"가시나 니는 우찌 그리 말도 안 되는 소리를 하노? 니도 좀 있으모 알낀께 씰데 없는 소리 하지 마라."

하지만 굳이 누가 내게 말해주지 않아도 스스로 일찍 깨달아버려서 괴로워했다. 나도 괴로웠지만, 이 모든 사실이 자신의 복 없음에 죄를 두고 죄책감을 가진 어머니는 얼마나 힘드셨을까?

"아이다, 아인 기라, 너것들이 없었으모 내가 우찌 살았겄노."

오늘 이렇게 내 어머니의 가슴으로 낳은 진통에 감사를 드린다.

당신들 운명의 굴레에서 왜 내가 희생양이 되어야 하는데!

일찍이 '어머니의 헌신적인 사랑은 위선일 것이다.'라는 생각을 하게 된 동기는, 뜻도 모르고 많이 읽은 책의 영향이었다. 초등학교 저학년 때는 나이에 맞는 동화를 읽었지만, 고학년이 되면서부터 골라서 읽는 재미가 내 정서를 오히려 방해하지 않았나 싶다. 도서 추천을 받을 수 없었던 것이, 오빠와 언니들은 나이 차가 많아서 내가 컸을 때는 이미 도시로 떠나고 없었다. 까막눈이신 부모님들께서는 책만 보면 공부를 하는 줄 알고 오히려 대견스럽기까지 생각하셨다. 차라리 친구들과 고무줄놀이와 공놀이 같은 것으로 소일을 했더라면 일찍부터 애어른은 되지 않았을까?

내가 사회복지 현장에 근무하면서 청소년들을 가끔 접할 수 있었다. 내면에 자신만의 자아가 강해서 맨 정신으로 살기를 거부하는 안타까움을 목격했다. 나의 옛날을 보는 것 같아서 다가가면, '니가 뭘 알아?' 하는 눈빛으로 바람에 민들레 씨 되어 날아가 버렸다. 나는 그들을 붙잡거나 따라가지 않았다. 언젠가 돌아올 것이라는 걸 알기 때문에.

“가시나 니는 쪼맨할 때부터 맨날 책만 보고 있어서 뭐가 될 줄 알았다 아이가?”

내가 이혼을 하고 바람 부는 황량한 사막에 홀로이 섰을 때, 옆집에 살았던 나의 유일한 남자친구가 그랬다.

“움디 자슥아! 인생 다 살았나? 아직 죽을라 쿠모 감한기라.”

큰소리 뻥뻥 쳤다. 사회적으로 유명인사는 못 되었지만, 천직을 가졌다는 자부심이 있고, 일상생활은 소소하지만 확실한 행복이 있다. 이러면 되었다고 생각하는데.

고등학교 3학년 여름방학이었다. 한창 입시를 준비해야 하는 분주한 때에 공부를 소홀히 했다. 아버지 안 계신 세상이 온통 암흑 같아서 속으로는 이미 대학을 포기해버렸다. 엄마를 더는 땡볕에 개미 같은 허리로 호미질을 강요할 면목이 없었고, 그 처절한 희생의 보답을 제대로 할 자신이 없었다. 날마다 방에 누워서 두문불출했다. 먹는 것도 최소한의 양으로만 연명했다. 안필도 여사(엄마)식의 걱정이 욕으로 남발을 했다.

“처 뒤질라꼬 안 처묵나? 창자가 오그라 붙어삐모 우짤란고?”

어머니께서는 혹시나 이성관계로 상심을 하는 건 아닐까? 열아홉이면 옛날에는 시집도 갔을 것이라고 복선을 깔면서 하루는,

"야야! 밥 좀 무 봐라. 입맛이 없노? 묵고 싶은 기 있으모 말해라. 그라모 이 풍개(자두)라도 묵고 입맛을 챙기봐라."

그때는 자두의 신맛 의미를 몰랐다. 결혼을 해서 입덧을 해보니까 어머니께서 뭘 걱정을 했는지 그때야 알았다. 난 자두를 외면했다. 어머니는 안도의 한숨을 내쉬지 않았을까 싶다. 번뜩이는 재치와 조근 조근한 말솜씨는 유능한 상담가도 능가할 능력을 가진 어머니의 마력에 빠지지 않을 수 없었다. 어머니는 다 키워놓은 딸내미 죽이겠다고 엄마를 독촉해서 닭에 인삼을 푹 고와서 나를 먹게 하셨다.

"요새 통 안 묵어서 살은 빠짔지마 얼굴은 허연기 꽃매이로 활짝 피고 있은께 항상 몸 간수를 잘해야 하는 기라. 여자한테는 절개가 생명인께 잘 지켜야 한다."

이천년 대를 훌쩍 살고 있는 현실에 귀신 씨나락(볍씨) 까먹는 소리겠지만, 우리 세대의 가정교육은 이런 인식이 으뜸이었다.

성교육을 고등학교 3학년 때 처음으로 받았다. 도서관 유리창에 빛이 들어오지 않게 암막 휘장을 치고 영사기를 돌려서 봤다. 올챙이 같이 생긴 무수히 많은 정자가 난자의 벽을 뚫으려고 꼬리를 치고 있었다. 그것이 내가 처음이자 마지막으로 받은 성교육이었다. 요즘은 어린아이 때부터 성교육이라는 단어가 민망하지 않을 정도로 보편화되었지만, 우리 세대는 분명 낯이 뜨거웠다.

어머니께는 유일한 무남독녀인 이복언니가 있다. 어머니의 이지적인 이미지와 아버지의 준수한 용모를 그대로 물려받은 일점혈육이다. 엄마뻘이 되지만, 촌수로는 언니다. 그녀의 아이들이, 나에게는 조카들이다. 언니들 또래가 둘이고, 나와 나이가 같은 아이가 한 명이 있다. 우리는 각자 또래의 친구들이었지만 이모와 조카였다. 두 언니와 나이와 같은 조카들은 어린 나에게 이모라 부르지 않았으며, 방학 때는 도시에 살았던 관계로 어김없이 외갓집에서 보냈다. 철이 없을 때는 서로 싸워서,

"너 집에 가라, 여는 우리 집인데 와 있노."

하고 집주인 행세를 톡톡히 해서 조카들 마음을 상하게 했다.

나에게는 어머니가 둘이고, 그것도 언니뻘인 조카들이 이모라고 불러야 했던 늦둥이였다. 나의 부모님은 모두 까막눈이라 사춘기의 반항을 어떻게 잠재워야 하는지를 몰랐다. 그에 비하면 이 조카들은 그 시대 최고의 학벌을 구가하는 부모님을 두었다. 물론 그들의 아버지, 나에게 형부는 일찍 돌아가셔서 어렴풋이 떠오르는 것 외에는 없다. 난 그 아이들의 부모님(언니와 형부)이 가진 학벌이 정말 부러웠다. 근데 이렇게 좋은 유전인자를 물려받은 그 아이들과 무학인 부모님을 가진 우리 자식들과는 확연한 차이가 있었다. 우리는 가난했지만, 나누고 베푸는 것을 좋아했다. 훌륭한 유전인자를 가진 조카들은 논리가 정연했으며, 차갑고 이성적이어서 우리와는 정서가 아주 다르다. 어른이 되고부터는 거의 왕래가 없다. 경조사가 있을 때면 겨우 서로의 늙어가는 모습을 확인할 정도 외에는.

나와 나이가 같았던 정아는 얼음장처럼 차가워서 말을 붙이기가 꺼려졌다. 세상의 잣대를 통해 정아와 나를 비교해보았을 때, 그녀는 번듯한 직업에 다복한 가정을 꾸렸다. 난 이혼녀란 낙인이 찍혔고. 이로 인한 열등감으로 인해 나는 그녀를 더 멀리할 수밖에 없었다. 내가 어머니께 반항심이 많았던 것은 조카들을 우선순위로 하는 것 같았던 못된 편견에서 비롯되었다.

"내가 덩치는 작지마는 젖은 참젖이라 출출 흘러서 그것들(조카들)이 내 젖을 마이 묵고 안 컸나. 방학이 되모 끝날 때까지 그 수발을 누가 들었노, 밥해 미고, 서답(빨래)해 입히고 했는 기라. 겨울에는 못에 가서 꽁꽁 얼은 얼음띠를 깨서 방망이질을 할라쿠모 손이 우찌나 시리고 아팠는고."

엄마를 미워했지만, 엄마가 고생하는 건 더 싫었다. 어머니 저울추는 우리들보다는 이 외손녀들한테 더 기울어질 것이라는 생각이었다. 지금 생각하면 당연한 이치였겠지만. 한편으로는 어머니 사랑을 독차지하고 싶은 욕구의 분출이지 않았나 싶다.

나는 정아보다는, 정아의 언니인 경아하고 더 많은 대화를 했다. 경아는 내 언니뻘이었다. 그녀와 나는 세상을 향한 분노가 많아서 공감대가 많이 형성되었다. 세월을 월권한 나는 그 대가를 톡톡히 치렀다.

고등학교 때 우연히 알게 된 모 군인과 펜팔을 했다. 나에게 글쓰기를 동경하게 했던 직접적인 동기부여를 한 사람이었다. 이름있는 문예창작과를 휴학하고 군복무를 하던 중에, 여고생이라는 풋풋한 타이틀을 가진 나를 무료한 군생활의 휴식으로 삼았다. 민주화의 물결이 범람 하던 시대에 그 군인의 글은 온통 회색이었다. 어려운 단어 나열이 전부로 기억이 되고 있다.

여름방학을 맞아 부산에 살고 있는 오빠 집에 심부름을 갔다. 나에게 온 편지를 보면서, 경아는 그 군인에게 편지를 보냈나 보다. 여고생인 나보다는 여인의 향취를 느낄 수 있는 경아와 말이 더 통했을 것이다. 난 그들의 내통을 전혀 몰랐다. 어느 날 경아의 책상에 '릴케'의 시화집이 있었다. 'OO 오빠가 경아에게'라는 낯익은 글씨를 보면서 짐작이 갔다. 후에 그들은 얼마나 관계를 지속했는지 모르겠지만 내 글쓰기 시작의 씁쓰레한 기억은 오늘까지 이렇게 추억되고 있다.

올봄 초입에 어머니의 유일한 혈육인 이복언니가 세상을 떴다. 언니지만 나이로 보면 엄마뻘이다. 부모님을 보낼 때와는 또 다른 아픔으로 눈물이 홍수가 되었다. 아팠다. 내 몸 속의 가지 하나가 꺾어진 것 같은, 표현할 수 없는 아픔이 아직도 자리하고 있다. 이렇게 세월은 핏줄의 끈끈함마저도 가위로 싹둑 잘라내고 말았다. 이 조카들과 이제는 남처럼 살아갈 모습이 그려진다. 관계를 맺기 전으로 돌아갈 것 같은 느낌이다. 조금만 덜 차가운 이성을 지녔더라면, 정이 많은 우리 자매들과 친구처럼 지낼 텐데.

칡넝쿨처럼 얽혔던 우리들 운명의 굴레를 원망하지 않는다. 오히려 평범하지 않았기 때문에 받아야 했던 곱절의 사랑이 감사하다. 노각이나 청둥호박처럼 생각이 여물어 갈 수 있게 한 어머니가 계셨기 때문이리라.

어머니의 중매는 힐링캠프였다

"우리 원에는 꽃마차도 있으니까, 여성 이용인은 오월의 신부를 만들어서 웨딩드레스를 입히고, 남성 이용인은 턱시도를 입혀서 기억에 남을 추억을 만들어주고 싶습니다. 협찬 받을 곳이 있다면 연계를 부탁드립니다."

직원회의 시간에 엉뚱한 나의 제안에

"박 선생! 그러지 말고 실질적으로 결혼을 주선하는 것은 어떨까요?"

휴머니즘의 원장님께서 한 술 더 떠 말씀하셨는데, 내 의도와는 달라서 뒤로 물러나버렸다. 어찌 보면 일회성의 웨딩드레스와 턱시도가 무슨 소용 있겠는가? 더구나 그 옷들이 무슨 의미인지 모르는 사람들도 있고, 스스로 용변 처리가 안 되어 기저귀를 착용한 사람들도 있다. 그렇지만 평생을 홀로 보낼 그들에게 조금이나마 위안이 될 수 있을까하는 내 마음이었던 것이다. 나도 결혼에 성공하지 못했는데, 어떻게 그들의 결혼을 주선할 수 있겠는가? 어불성설이다.

가난하고 성실한 농촌 총각들에게 중매를 많이 해주신 어머니의 탁월한 언변 솜씨를 내가 오늘 물려받았더라면, 복지계의 대변인으로 중앙으로 진출해도 별 손색이 없었겠지만 안타깝다. 진흙 속에서 찬란한 연꽃이 피듯, 그들의 인생을 디자인한 어머니의 능력은 가히 신의 한수였다.

"하, 솔직히 말하모 지금은 그 총각이 가진 기이 없니라. 사람은 지금만 보모 안 되는 기라. 니하고는 영판 없는(둘도 없는) 천생연분 아이가, 살아 보모 니가 내 말이 맞다 쿠는 때가 올 낀께 내를 믿고 한 분 믿어보거래."

어머니가 처녀들을 이렇게 설득시킨 것 같다. 어머니가 중매했던 처녀총각들은 과연 어머니의 혜안이 빗나가지 않았다. 지금은 부농으로 성공적인 삶을 살아가고 있다. 그래서 어머니가 중매한 사람들은 다들 잘 산다는 소문이 자자했다. 90% 이상 성공률의 전적을 살려서 오늘 안상순 결혼 연구소를 차렸다면 대박 났을 것이다.

몇 년 전 노인시설에 근무할 때였다. 거기에 내 어머니랑 너무나 비슷한 이미지의 할머니가 계셔서 자주 찾아서 말벗을 해드렸다. 박학다식하셔서 질문에 대한 답을 못하고 머뭇거리기도 했다. 내 어머니 안상순 여사가 지성을 겸비했다면 분명 저런 모습이겠구나, 하고 의미부여를 했다.

그 할머니께서는 태어날 때부터 양반 가문에서 삼종지도를 익혀 이름난 가문으로 출가를 하셨다. 현모양처의 의무를 다하고는, 노후에는 자식들에게 짐이 되지 않으려고 스스로 타 지역을 골라서 입소를 하셨다. 자식들에게 짐이 되지 않으려는 생각은 비단 이 할머니, 내 어머니뿐이겠냐 마는 세상 어머니들의 사랑에 고개가 숙여졌다.

"박 선생! 나는 글을 쓰고 싶었는데 살아서는 그 꿈을 이루지 못하고 갈 것 같아요. 우리 때는 내 꿈보다는 가족들이 우선인 시대를 살았지만, 지금에는 여자들도 내 목소리를 높이는 시대니까 박 선생도 노력하면서 살다보면 좋은 날 올 게요."

그러시면서 자신이 써 보고 싶었다는 글감을 내게 들려주셨다.

"내 친정은 낙동강 물줄기가 휘돌아서 흐르는 강어귀의 골짜기였는데, 땅이 비옥해서 사시사철 먹을 것도 풍족했고 인심들이 다들 후했다오.

마을 입구에서 노부부가 하는 주막이 있었는데, 어린 딸이 두 명 있었다오. 워낙 늦게 아이들을 봐서, 언뜻 보면 할머니 · 할아버지 같더이다. 금지옥엽 키워서 시집을 보냈는데, 둘 다 무슨 이유인지는 모르지만 그만 주막으로 돌아와서는 술장사를 하더이다. 근데 노부부가 장수를 하지 못하고 세상을 떴다오. 딸들이라 노부부의 무덤을 어디에 쓸지 몰라서 주변 사람들이 권하는 곳에 적당히 썼나보오. 근데 무덤가 주변이 물이 질퍽거리고, 그늘진 곳이라 이장을 하고 싶었지만 딸들이라 쉽지가 않았나 보오. 더구나 동네에서는 작부의 부모를 위해서 명당을 찾아줄 인심까지는 후하지 않았나 보오. 그러던 중에 어떻게 노부부를 양지바른 곳에 모셨나 보오. 세상을 다 가진 양 춤을 덩실덩실 추는 자매의 머리 위에 낙동강 노을이 지는 그 모습이 내 머릿속에서 지워지지 않고 있다오."

그때 구순이 가까웠는데, 노환으로 자주 눕고 하셨다. 지금쯤은 백 세를 바라보실 텐데, 그 꿈을 이루셨는지 모르겠다. 내 어머니를 닮으신 분이, 내 어머니의 사후가 될 뻔했던 글감이 내 가슴에 묻혀 있다.

어머니는 생선을 무척이나 좋아하셨다. 가운데 토막은 아버지나 우리들에게 양보를 하시고 항상 머리나 꼬리를 드셨다.

"어머이는 눈깔하고 꼬래이가 그리 맛있나?"

"하, 개기는 대가리하고 꼬래이가 젤 맛난 기라."

어릴 때는 그 말씀이 사실인 줄 알고 다음에 어머니는 머리와 꼬리를 많이 드려야겠다는 생각을 했었다. 그렇지만 나이가 들면서 어머니도 가운데 토막을 드실 수 있다는 사실을 알았으며, 가끔은 좋아하시는 음식을 대접해드리기도 했다. 우리 딸들은 친정어머니들 옷을 해드릴 때는 항상 두 벌을 준비를 해야 했다. 눈곱만한 용돈을 드리면 마르고 닳도록 쓰시지 않고 있다가 결국 손자들에게 돌려주시곤 했다.

"에미가 둘이라서 너것들이 고(부담스럽다)가 되낀데, 내 꺼는 놔두고 너 어매(생모)한테만 해라."

물론 우리들은 그 말씀을 따른 적이 없었다. 어머니는 우리들한테 섭섭한 것도 많았을 것인데, 전혀 내색을 않으셨다. 스스로 복이 없다 칭하시고, 복 없는 나에게 너희들은 너무나 과분해서 하늘 아래 둘도 없는 자식들이었던 것이다. 평범하지 못한 가정환경을 비관하고 반항한 나에게 당신의 잘못인 양 끌어안았던 이 어머니 앞에 너무나 큰 불효를 했었다.

불행했던 결혼생활에서 씻을 수 없는 상처가 또 이것이다. 주사가 심했던 남편이 어머니 앞에서 나를 폭행하려 하자 그 왜소한 체격으로 막으셨다. 그렇지만 그 힘을 어떻게 감당할 수 있겠는가. 무지막지한 힘에 떠밀려 방구석에 처박혀 안쓰럽게 바라보던 내 어머니의 눈빛을 보면서 남편으로 향한 분노에 나는 살의를 의식했다.

"이보게 ○서방! 저기 겉으로는 어른이지만 아직도 어려서 살이 채 야물지도 않았는데. 때릴 데가 오데 있다꼬 그러나, 자네가 참게."

어머니께는 결혼을 해도 어린아이였던 나, 딸 가진 죄인인 어머니가 목청을 높일 수 없었던 이유가 있었다. 행여 당신의 꾸지람이 결혼생활에서 트집이 될까 봐서 분을 삭이고 부탁을 해야 했던 어

머니의 심정을 차마 망각해버리고 싶은 못된 딸이고 싶다. 그러면서 내가 절망할까봐서 위로한 말,

"뿔뚝 성질이 없는 남자가 오데 있겠노. 하는 일이 제대로 안 되고 한께 안 그렇겠나. 그래도 저만한 남자도 없는 기라. 인정 많고, 리아카를 끌더라도 처자식은 굶기지 않을 끼다."

개뿔, 차라리 이혼을 닦달한 엄마가 더 인간적이었을까? 어머니가 돌아가시고 얼마 지나지 않아서 이혼을 했다. 이혼을 하고 나서 나의 좌우명은 "도둑을 피하면 강도를 만난다." 이 말은 진리가 되어버린 지 이미 오래이며, 아마 평생 가지 않을까 싶다.

'어머니! 거기서도 불쌍한 노총각들 중매하고 계세요? 어머니! 이 막내가 무슨 일을 하는지 아시죠? 우리 부모님처럼 불쌍한 사람들을 외면하지 못하는 그 심성을 닮아서, 몸과 마음이 남들과는 좀 다른 사람들하고 살아가고 있습니다. 어머니! 그 언젠가 여기 이 사람들이 살아서 명을 다하고 어머니 계신 나라에 가면 좋은 신랑 · 신부 만날 수 있도록 중매해주세요.'

어머니의 발품 · 말품을 팔아서 중매가 성사가 되면 참 좋았던 것이 많았다. 두둑한 용돈과 설이 다가오면 내가 입고 싶은 설빔을 폼 나게 입을 수 있었다. 도시에 살았던 아이도 쉽지 않았던 빨간색 코트와 빨간색 구두는 최고의 설빔으로 나의 동네, 덕실에서 충분한 신데렐라가 되었다. 내 어머니가 계셨기 때문이었다.

안상순 여사도 주사가 있었다

어머니 절친한 친구는 많지 않았지만 트로이카가 계셨다. 무당이신 큰어머니, 내 친구의 할머니이자 재담꾼이신 초전댁이시다. 큰어머니와 초전댁은 오래전부터 주당이라 타의 추종을 불허한 솜씨였다. 어머니는 그녀들의 유혹에 뒤늦게 합류하지 않았나 싶다. 하긴 우리 어머니들 세대에는 삶 자체가 한이어서 그런 돌파구 정도는 애교가 아니겠는가?

"참말이제 이 게딱지만 한 살림살이 불에 확 싸질러 뿌리고 나도 재가 되 삐모 좋겄다."

초전댁께서 한말씀하시면, 무당이신 큰어머니는,

"아이가! 그런 소리 말거래이. 장군님이 노하신다."

투철한 직업정신에 입각해서 일갈을 가하시면, 옆에서 지적인 큰유산댁(어머니)은,

"초전띠 니가 우때서 그래샀노. 자슥들 번듯하게 잘 키워놨고

그만했이모 됐제. 여자 팔자 뒤웅박이라 안 쿠더나."

"고마 시끄럽다. 술이나 한잔하자. 동시야 살강(부엌에 그릇을 씻어 엎어두는 대나무로 된 선반)에 묵다 남은 소주 하고 꼬뿌 갖꼬 오이라."

큰어머니는 어머니께 술심부름을 시키셨다. 큰어머니가 만신이 될 수 없었던 것은 술 때문이 아니었을까 싶다. 술로 인해서 장군님의 영험한 소리를 듣지 못했을 것이다. 애주가의 도를 넘어서 중독 수준쯤으로 판단이 된다. 하루라도 술을 거르지 않으신 걸 보면, 분명 치료를 해야 할 정도였다.

술판이 벌어지면, 처음에는 분노했다가, 수용하다가 나중에는 술잔에 자신들의 삶까지 털어 부어 자포자기 해버리면 걷잡을 수 없는 주사가 시작이 된다.

큰어머니와 초전댁은 걸쭉한 입담으로 육두문자를 남발하고, 그나마 어머니는 애교가 있으셨다. 회치(들놀이) 때 부르는 통속적인 유행가를 부르신다. 남인수 · 고복수의 골수 팬이셨는데, '남인수'의 〈추억의 소야곡〉은 아버지를 향한 절절한 사랑으로 나는 해석하고 싶다.

다시 한 번 그 얼굴이 보고 싶어라
몸부림치며 울며 떠난 사람아
저 달이 밝혀주는
이 창가에서 이 밤도 너를 찾는

이 밤도 너를 찾는 노래 부른다

채 이 한 곡이 끝나기도 전에 목이 멘다. 자신의 설움에 겨워 눈물을 쏟으며 절규를 토하는데,

"민제야! 니만 믿는다. 나는 믿는다."

오빠의 이름을, 부르기도 아까운 이름처럼 부른다. 이 아들을 얻기 위한 당신의 처절한 몸부림을 오늘 같은 여자 입장으로 연민하면, 그저 눈물만 흐른다.

어느 날엔가 술을 마시고 헛발질을 해서 도랑에 넘어진 어머니를 오빠가 업고 온 후부터는 아예 술을 마시지 않았다. 어머니는 당신의 주사가 행여 오빠의 앞날에 걸림돌이 될까 봐서 술을 끊어버리셨을 것이다. 그렇게 쏟아내도 괜찮았는데.

오빠는 어머니의 믿음에 최선을 다했다. 오빠가 모 공기업의 입사시험에 합격했을 때, 합격증을 받아 들고 기뻐하던 모습, 발령장을 받고는 정화수를 떠놓고 감사의 손을 비비신 내 어머니.

어머니가 돌아가시고 삼우제를 지낸 뒤에 어머니의 유품을 오빠의 손으로 태우면서 울던 오빠도 분명 당신의 아들이었음에 감사를 했을 것이다.

노인시설 근무 때에 만난 할머니, 103세의 김순희(가명) 할머니가 계셨다. 보호자의 연락처가 없어서 인테이크 자료가 많이 부족했다. 1세기를 살아버린 할머니와의 의사소통에는 순조롭지 못했

지만, 눈가의 짓무른 눈물에서 당신의 천형을 읽을 수가 있었다. 안상순 여사처럼 일찍이 아들을 보려고 내 남편에게 여인을 취하게 했는데, 작은댁은 딸만 낳고 세상을 떴다. 손녀가 성장해서 출가를 했지만 재산만을 목적에 두고 형식적인 방문만 했다. 그마저도 재산을 이전하고는 발길을 끊어버렸고, 무연고자가 되어 국가에서 운영하는 무료시설에 입소한 할머니다.

바람 앞에 등잔불 같은 노인들의 생명을 누가 장잠을 할 수 있겠는가? 원기를 회복하다가 쓰러졌다가 반복을 하던 중에 홀로이 임종을 하셨다. 연세를 보면 장수하셨다. 절절한 아픔보다는 아들을 보기 위해 노력한 여인들의 풍속도가 안타까울 뿐이다.

초전댁은 어머니께 자주 마실 오셨다. 큰손녀와 나는 친구지간이라서 항상 비교를 당했다. 당신들이 까막눈이라서 책만 보고 있으면 공부를 하는 줄 알고,

“아요, 유산띠! 너 꼭지는 우째 저래 맨날 공부만 하고 있노. 내가 올 때마다 착(책)만 보고 있는데, 우리 가시나는 핵교 갔다 오모 가방 처바 났고 오데를 싸돌아다니는고 모리겄다. 하도 핵교 갈 때마다 돈을 조라 캐서 내가 벽에다 작대이를 기리 놨다. 백 원은 쪼맨하게, 오백 원은 중간치로, 천 원은 더 큰 걸로 푯대를 해놓는 기라.”

나도 거짓말을 해서 돈을 타 가서는 책이나 주전부리를 했다. 근데 그 친구는 좀 심했는지 초전댁은 나를 볼 때마다 어머니께 확인

하고 하소연을 하셨다.

“꼭지 니는 너 옴마가 좋나? 너 어머이가 좋나?”

참 싱거운 말씀을 많이 하셔서 어머니께 지청구를 듣기도 하셨지만, 나는 그녀들의 정서를 사랑한다.

나와 나이 차가 많이 나는 사촌언니, 임이 언니가 있었다. 언니는 너무 예뻤고, 노래도 잘 불렀다. 큰어머니가 무당이어서 상담이나 조언을 들을 때는 어머니와 대화를 많이 한 걸 보면, 임이 언니에게 어머니는 멘토였을 것이다. 가난 때문에 공부는 많이 못 했지만 언니는 책을 많이 봤고, 글쓰기를 좋아했다. 예쁜 글씨와 통속적인 작문 실력이 언니 친구들보다는 왠지 세련되어 보였다. 꼭 도시의 여대생 같은 이미지를 풍겨서 총각들은 쉽게 언니에게 접근을 못했다.

우리 동네 강가에는 넓은 모래밭이 있었다. 경지 정리가 되기 전에는 소꼴을 먹이기 위해 산이 아닌 이 강가에도 갔었다. 바로 위에 언니는 내가 귀찮다고 놀아주지도 않고, 나를 자기 친구들 노는 데 데려가지 않았다. 임이 언니는 귀찮아하지 않고 내버려 두었다. 지금도 인상 깊게 남아 있는 모습이 있다. 노을이 지는 강가를 바라보고 노래를 부르고 있었다. 바람에 삼단 같은 머리카락이 버들가지와 춤을 추고, 마치 영화 속의 명장면처럼 각인되어 있다.

실은 임이 언니는 큰아버지나, 큰어머니보다 우리 아버지, 어머니와 허물없이 대화를 많이 한 것 같다. 아버지나 어머니께서는 늘

'임이'라 하셨고, 시집가면 잘살 것이라 칭찬을 아끼지 않으셨다. 임이 언니는 어른들 말씀에 의하면, 안동 권씨의 양반집에 시집간다고 아주 좋아하셨다. 형부 또한 점잖아서 초등학생이었던 사촌처제인 나에게도 반말을 하지 않았다.

아버지 · 어머니 돌아가셨을 때 임이 언니의 눈물이 오늘 더욱 나를 아버지 · 어머니를 보고 싶게 해서 가슴이 아프다.

큰어머니 · 초진댁 · 큰유산댁 그녀들은 이미 유명을 달리했지만 그곳에서도 트로이카의 우정을 과시하고 주사를 부리고 계실 것 같다. 큰어머니와 초전댁은 누구를 향한 분노인지 모르지만, 여전히 '18 · 18'로 입에 착착 감기는 본토발음을 구사하실 것이고, 큰유산댁 안상순 여사는 오늘도 남인수로 목청을 돋울 것이다.

"다시 한 번 그 얼굴이 보고 싶어라 몸부림치며 울며 떠난 사람아~"

"치아삐라. 너 영감 여개 안 있나. 인자 오롯이 니꺼 아이가."

초전댁의 지청구가 귀에 들리는 것 같다.

내 어머니와 아버지가 누워계신 곳은 측면에는 소나무 숲이 우거져 있고, 앞으로는 툭 트여서 다름산 산봉우리가 한눈에 들어온다. 강물도 유유히 흐르고, 사시사철에 안락함이 무덤가를 에워싸고 있다. 물이 질퍽거린다고, 그늘이 진다고 걱정을 안 해도 된다.

다가오는 설에는 딸과 같이 가서 어머니가 즐겨 들었던 노래를 들려드리고 올 것이다.

"다시 한 번 그 얼굴이 보고 싶어라 몸부림치며 울며 떠난 사람아~"

큰어머니와 큰아버지는 어머니의 또 다른 위안이었다

큰집은 그리 부유하지는 않았지만 고래 등 같은 기와집이었다. 집 앞에는 타작마당이라 해서 넓은 공터가 있었다. 어릴 때 우리는 그곳에서 자치기와 비석치기를 하면서 여가를 보냈다. 끼니를 거를 정도로 재미가 나서 매번 엄마께 혼이 나기도 했다.

“밥 안 처 묵나. 자치기, 패짜기(비석치기)마 하모 밥이 나온다 쿠더나.”

안필도 여사가 타작마당에 떴다 하면 자연스럽게 아이들은 제 집으로 흩어져야 했다.

큰어머니가 신을 받은 무당이라 집안에는 신당이라고 꾸민 방이 있었다. 나는 꼭 거기가 귀신이 나올 것 같아서 꺼려졌다. 전체 벽면에는 지옥의 사자가 삼지창을 들고 선 무서운 그림은 두억시니 같았다. 선반에는 놋그릇에 쌀과 과일이 담겨 있었고, 대나무 가지에는 울긋불긋한 천 조각은 티베트의 타르초를 연상하게 했다.

매일 아침 치성을 드리기 위해 정화수를 떠다 받칠 때는 술에 취해서 주사를 부리는 큰어머니가 아니었다. 신의 딸 같은 범접할 수 없는 엄숙함이 서려 있어서 더 무서웠다. 신을 받을 때는 몸에 경련을 일으키면서 입에는 연신 "휘이익~ 휘이익~." 하는 기분 나쁜 휘파람 소리를 냈다. 비 오는 날 흉가에서 나오는 음산한 괴기마저 돌았다. 성경말씀에 의하면, 큰어머니는 우상숭배를 하셨다. 예수님께 구원을 받아 천국을 가야 할 분이다. 하지만 지금은 당신의 천국에서 머물고 계시겠지만.

참 영특하셨다는 생각이 든다. 굿을 할 때 입에서는 주술이 끊이지 않고 나왔다. 굿을 준비하기 위해서 화선지에 한문을 일필휘지로 갈기던 모습이 생각난다. 큰어머니가 정말 한문을 알았는지는 잘 모르겠지만 그마저도 신의 능력이었을까?

굿을 하고 나면 남은 음식을 싸와서는 그걸 우리들에게 나눠 먹이기를 좋아하셨다. 영험한 신의 제단에 오른 제물이라서 재수가 좋다는 게 큰어머니의 믿음이셨다. 먹거리가 궁하지 않아서 나는 탐하지 않았다. 거부를 하면 항상 레퍼토리가 있었다.

"니가 오데서 태이났노. 내가 장군님께 빌어서 태이났다 아이가."

'헐! 나는 장군의 딸인가? 차라리 사임당의 딸로 빌어줄 것이지.'

아버지보다 더 용하고 씨사이(웃긴다) 같은 큰아버지께서는 옆

에서 담뱃대를 길게 빼물고는,

"하모, 하모 그랬니라. 너 큰어매가 아이모 니가 이 세상에 태이 나지도 않았으끼다."

부창부수, 금실이 좋아도 너무 좋으셨던 큰아버지와 큰어머니는 사촌들을 십 남매를 넘게 낳으셨지만, 지금은 절반도 채 남아 있지 않다. 거의가 어릴 때 명을 다한 걸로 알고 있다. 그것도 장군님의 뜻이었는지 큰어머니께 여쭈어 보고 싶다. 그래도 설에는 세배를 하러 가서 세뱃돈을 받는 재미도 있었다.

"박 씨 문중의 망내이 꼭지, 안 아푸고, 공부도 잘하고, 명 질게 해주소."

큰어머니는 덕담도 장군님께 허락을 받고 하신다. 공부는 못했지만, 건강한 것은 장군님께 빌어주신 덕분으로 감사히 생각한다. 나는 큰어머니가 만신이 아니어서 참 다행으로 생각한다. 그랬더라면 우리들은 모두 처녀보살이나, 박수무당의 간판을 내걸고 있지 않았을까? 감사합니다. 선무당으로 살아 주셔서!

내가 처음으로 사회복지시설에 입문을 했던 그곳, 내 첫사랑과 같은 아련한 기억이 있는 곳, 고향의 향수를 불러일으키는 거기에서 지적장애와 정신질환의 중복장애를 가진 여자아이가 나에게 엄마 되기를 청해 왔었다.

"선생님! 난 선생님이 좋아요. 엄마가 되어 주세요. 우리 엄마는요 무당이었는데, 집안일도 하지 않고 매일매일 길을 나섰어요.

그러고 돌아오면 잠만 자다가 또 갔어요."

이러고 덧붙인 한마디가 나를 섬뜩하게 했다.

"나는 질투가 많아서 선생님이 다른 사람들을 좋아하면 싫어요."

그때는 난감했다. 어떻게 대처를 해야 할까? 이 아이가 이미 받은 상처를 나로 하여금 또 상처를 받으면 안 되었기에 조심스럽게 언행을 해야 했던 사회복지사의 풋내기시절이 있었다.

폭력적인 아빠를 경험했고, 그 폭력에서 바람막이가 될 수 없었던 무당 엄마의 상흔을 켜켜이 안고 나에게 기대어 온 아이를 내 어떻게 거부할 수 있단 말인가? 하지만 이론을 무시하고 섣부른 동정의식에서 충동적인 행동은 서로를 위해서 금물이다. 나는 늦더라도 오래 갈 수 있는 방법을 택했다. 마음은 금방이라도 내 가슴에 끌어안고 얼굴을 부비고 싶었지만, 겉으로는 적당한 거리간격을 유지하면서 감정을 조율했다. 어느 날에는 무관심으로, 어느 날에는 질투의 화신을 자극해서 눈빛에 쇠를 녹일 수 있는 용광로를 선사했다. 이 질투 또한 부질없는 것에 대한 집착을 버리기 위해서 설정한 것이었다. 적당한 간격을 유지하면서도 사랑받고 있다는 자존감을 수시로 일깨웠다.

산고도 치르지 않고 어떻게 엄마가 될 수 있단 말인가? 가슴으로 치른 산고야말로 값진 모성애라는 것을 일깨워준 그 아이, 장군의 영험한 기를 받아 태어난 장군의 딸이, 무당 엄마로부터 버림받은 아이와 모녀가 되었다. 우리의 인연 또한 장군께서 예비하셨을까? 이 소중한 인연을 주시고 기억에 남아 있음을 감사드립니다.

장군의 딸이 감히 마더 테레사를 닮고 싶었던 풋내기시절에 주문처럼 외웠던 말,

'상처도, 질투도 이 지구 밖을 떠나라.'

큰어머니는 예고도 없는 아버지의 죽음에 참으로 많이 슬퍼하셨다.

"아제! 우짤라꼬 이리 허망하게 가요. 손자 사랑도 못 때우고(경상도 식의 아쉽다는 뜻), 꼭지 시집가는 것도 몬 보고 가서 저승길이 뒤가 돌아비서 우짜요?"

아버지의 영전에서 오열하던 큰어머니의 모습이 지워지지 않고 있다. 장례식이 끝날 때까지 대병 소주로 아버지의 삶, 일대기를 문상객들과 회상하신 큰어머니의 시동생 사랑은 끝이 없었다.

아버지는 큰어머니가 주사를 부릴 때만 외면하셨지 평소에는 관계가 좋은 시동생과 형수였다. 큰어머니는 다정이 병이어서 나누기를 좋아했고, 특히 술을 마시면 다 퍼주셔서 곤혹스러웠던 일도 더러 있었다.

까마귀를 보면 저승사자마냥 싫어하셨던 큰어머니는 여든의 생애를 마감할 무렵에는 치매로 고생을 하셨다. 당신이 모셨던 장군님께서도 치매는 구원하지 못하셨지만, 선무당으로 살 수 있었던 당신의 삶에 연민보다는 투철했던 직업의식에 찬사를 보낸다. 당신이 장군님께 빌어서 태어나게 해준 꼭지가 건강하고 행복하게

살 수 있음에 무한 감사를 드린다.

큰어머니가 대나무 가지로 귀신 든 사람의 등을 후려쳐서 귀신을 쫓은 것처럼, 그 대나무 가지로 나의 등을 후려친다면,

"좌절 귀신, 게으른 귀신은 썩 물러가라. 행복 귀신, 희망 귀신만 붙어라."

박꼭지는 행복과 희망에만 빙의가 들려 버렸다. 죽을 때까지 뗄 수 없는, 선무당의 주술은 강하고 또 강하여라!

어머니, 당신은 우리들에게 정신적인 지주로 자리매김을 했지만, 정작 당신 스스로는 위안을 받을 곳이 없었는지도 모른다. 그래서 큰어머니와 큰아버지를 위안 삼고, 당신의 곡진한 삶을 살아냈는지 모르겠다. 아버지를 향한 사랑은 절절했지만, 스스로 정한 규율에 준엄하게 자신을 통제했으며, 엄마를 모셔올 때의 초심을 끝까지 버리지 않으셨다. 내 어머니의 절제된 사랑이 우리 가정의 평화를 유지하는 데 절대적인 힘이었다. 그 허했던 가슴을 채우기 위해서 큰아버지와 큰어머니를 찾았을 것이고, 못 마시는 술을 마시고는 통속적인 유행가 몇 마디에 사랑을 실었을 것이다. 그 어머니도 누군가에게는 사랑 받고 싶은 여인이었기에!

안상순 여사는 만인의 만수받이다

"잔어무이요."

"와 또 너 씨어메가 술 처묵고 지랄하더나? 할망구 잠이나 처 자빠자지. 쎄가 빠지게 일하고 온 니한테 달달 볶았는 갑제?"

어머니는 윗동서지만 없을 때는 이렇게 불러서 듣는 사람 편을 든다.

큰집의 박복한 올케언니가 하소연하러 왔다. 잘난 서방(사촌오빠)은 올케와 강압적인 중매결혼을 했다. 올케는 오빠의 이상형이 아니어서 밖에서 작은 집을 두고 살았다. 옛날에 TV에서 방영한 〈아씨〉라는 드라마와 너무나 흡사한 운명의 주인공이다.

사촌오빠는 일찍이 공부를 위해 도시로 떠났다. 준수한 외모와 학식까지 갖춘 오빠는 박색인 시골처녀가 마음에 들 리가 없었다. 부모님의 강압적인 중매결혼에 거부를 할 만큼 불효자는 아니었나 보다. 오빠의 우유부단한 행동으로 인해 운명 앞에 피해자가 되어버린 올케언니의 삶이 늘 가여웠다. 정이 많은 어머니는 더 말할 나위 없었기 때문에 올케언니를 보듬었고, 치유하는 상담사로 자청했을 것이다.

무당인 큰어머니는 남편도 없이 아이들을 키우며 사는 며느리에게 혹독한 시집살이를 시켰다. 과거에 큰어머니가 시집올 때 빈약한 혼수를 해오셨다. 할머니는 그것을 늘 눈엣가시로 여겨 유독 큰어머니를 못마땅해 하셨다. 어머니는 입버릇처럼 '고된 시집살이를 며느리한테 그대로 대물림할 것'이라 말씀하셨다. 어머니는 항상 큰집 올케언니를 감싸 안으셨다.

안상순 여사는 올케의 한을 공감해주고 잠시 동안은 고부간의 갈등도 유하게 풀어준다.

"하, 그렇제. 질부가 고생하는 것 다 안다. 아무리 그래 봤자, 너 씨어매는 니보다 오래 살겠나. 온제 우찌 될지 누가 알끼고. 또 손자들이라 쿠모 올매나 끔찍이 사랑하노. 저런 손자들 사랑은 없는 기라. 쪼매마 참고 살다보모 니한테도 좋은 날 올낀께, 고상하는 김에 더 참아 보거래이."

그랬다. 큰어머니는 손자 · 손녀들을 그렇게 끔찍하게 사랑하셨다. 이 조카들은 자기 엄마에게 혹독한 시집살이를 시킨 할머니를 미워하기는커녕, 내가 엄마보다는 어머니를 더 사랑한 것처럼, 할머니의 각별한 사랑을 간직하고 있다. 이 무슨 아이러니한 사랑의 방정식일까? 마음에 있는 소리 실컷 다 토해내게 한다. 그 말에 공감한다는 "하 맞제. 니 말이 맞다." 추임새를 넣는다. 마무리는 위안이 되는 말로 정곡을 찌른다.

최고의 상담이란 잘 들어주는 것이다. 문맹인 어머니는 이런 기술을 어디서 습득을 한 걸까?

정신과 병동에 근무할 때다. '옥희' 씨(가명)가 있었다. 오십대 중반의 넉넉한 마음처럼 몸매도 여유로워 볼륨감 있는 뒤태는 섹시했다. 경상도에서 듣는 걸쭉한 전라도 사투리는 병동의 활력소였다. 유난스레 나를 '언니'라고 많이 따랐다. 실질적으로 나이는 내가 어렸지만, 옥희 씨에게는 나를 언니로 부를 만큼 푸근했는지 모르겠다.

"언니! 나랑 얘기 좀 혀. 언니 교회 안 다니지라? 교회 안 다니면 지옥 간당께! 내가 언니를 사랑혀서 하는 소린께 꼭 교회 다니랑께. 나는 내가 좋아하는 사람들한테만 교회 다니라고 한당께. 알았당가! 꼭 댕겨!"

옥희 씨는 나뿐만 아니라 모두들 사랑해서 전도를 열심히 했는데 얼마만큼 성과를 봤는지 모르겠다. 그건 나중 천국에 가면 알 수 있을까?

어머니가 했던 상담기법을 오늘에 내가 되살려 적용할 때가 가끔 있다. 직접적인 효과보다는 나에게 거부반응은 가지지 않을 정도의 목적은 달성한 것 같다.

"어머이는 와 글자를 모르는데? 이모는 그래도 알아보기 힘들어도 편지도 보내고 하는데, 어머이는 축구(바보) 아이가?"

"하! 축구 맞니라. 너 이모는 왜정시대(일제강점기) 때 학상들이 하는 야학에 가서 안 배웠나? 너 외할배가 다 큰 처녀들은 밖에 나가모 큰일 난다 캐서 나는 집에서 꼼짝 안 하고 있었니라, 너 이모는 너 외할배 눈을 피해 댕기더마 그래도 저리라도 아는데, 나도 그때 몬 배운 기이 한이 된다."

철이 없던 시절에 어머니와 나눈 대화가 아직도 가슴을 아리게 하고 있다. 왜 두 어머니를 문맹에서 탈피하게 해줄 생각을 왜 못 했을까? 평범하지 못한 가정환경을 비관만 하고 반항을 하던 그 열정을 모아서 두 어머니를 까막눈을 면하게 할 수도 있었을 텐데.

어머니가 글을 깨쳤다면, 당신 삶의 백서를 썼을 것이다. 파란만장한 일대기를 그려놓지 않았을까? 엄마는 엄마의 산, 마당바구에 앉아서 하늘을 향한 포효하는 짐승의 울음소리는 덜 내어도 좋았을 테고. 대신에 글로 말했을 테니까.

만약에 부모님이 편지를 다 쓸 줄 알았더라면, 어머니는 아버지를 향한 절절한 사랑을 노랫말에 실어서 우회적으로 표현하지 않고 직접적으로 마음을 전하지 않았을까? 편지는 사랑방(아버지의 방)에서 큰방(어머니의 방), 작은방(엄마의 방)으로 나는 배달을 했겠지. 슬쩍 주인을 잘못 찾아드는 날에는 우리 집은 벌집을 쑤신 날이 되겠지. 안필도 여사(엄마), 질투의 화신께서는 자신의 독침으로 벌들을 공격해서 벌집을 쑤셔댈 모습이 그려진다. 설령 이런 불상사를 초래했다 할지라도 문맹으로 살게 한 내 잘못을 오늘 뼈

저리게 반성을 해본다.

어머니나 엄마는 굳이 종이 대신에 머릿속에 적바림을 했다 하면 메모리 장치가 비상했다. 누구누구 대소사 날짜와 부조금의 내역을 훤히 꿰뚫는 재주는 타의 추종을 불허했다. 계산법은 손가락 열 개가 전부인데 신기하리만치 잘 맞추었다. 대단한 안 씨 문중의 그녀들이었다.

어머니의 유일한 일점혈육, 나에게는 이복언니가 되는 이름은 박일남朴一男이다. 옛날에는 남동생을 보기 위해서 여자 이름을 남자 식으로 작명을 했다는 속설이 있다. 이름 덕분인지 남동생을 보기는 봤지만, 한 가지가 아니라 또 다른 운명의 가지에서 파생이 된 것이었다.

언니지만 나이 차가 많아서 엄마뻘이다. 내가 만약 언니의 입장이었다면, 남동생을 보기 위한 어머니의 노력을 사생결단 만류했을 것이다. 언니는 그 시대 최고의 학력을 가진 신여성이었는데, 어머니의 생각을 왜 방관했을까? 물론 직접 심정을 물어보지는 못했지만, 내 입장에서 보면 이해가 안 간다.

아버지의 준수한 외모, 어머니의 지적인 유전인자를 그대로 물려받았다. 안상순 여사의 업그레이드된 언니를 볼 때, 질투의 화신 딸답게 질투가 날 때가 더러 있었다. 좀 아쉬운 점이 있다면, 그 시대에 흔하지 않았던 교육 수준을 세상을 향해서 펼쳐보지 못했다는 것이다. 물론 완고한 시집에서 여자가 사회생활을 할 수 없었던 시대적인 흐름에 항거 할 만큼 페미니스트는 아니었지만 아까웠다.

박경리 · 박완서 대작가들을 볼 때면 박일남 언니도 나열이 되어도 하나 손색이 없을 이름이란 것에 목말라 왔기 때문이다. 내 엄마와 나이 차가 많지도 않았는데, 작은어머니로 받아들여야 했던 박일남 언니의 심정은 어떠했을까?

어머니의 유전인자답게 못생긴 동생들을 세상에 둘도 없이 잘났다 생각하는 박일남 클레멘샤 언니는 청상과부로 1남 3녀를 훌륭히 키우고 천국의 부름을 받았다. 그녀의 영정사진은 참으로 아름다워서 장례식장에 꽃 등불을 밝힌 것 같았다. 다들 극락이건 천국이건 간에 안녕들 하시기를!

한 지아비를 놓고 두 여인네가 바라기를 한 공동운명체였던 그녀들 이름은 어머니였다. 여자인 나를 망각하고 오직 어머니 · 엄마로만 존재하려고 몸부림친 그녀들에게 이제야 볕뉘라 해 본다. 한때 당신들을 너무나 거부했던 철없던 행동을 사죄드린다. 오늘은 나의 어머니들임에 감사에 감사를 거듭해도 부족할 것 같다.

어머니는 내 생명의 은인이다

경기는 왜 했을까? 만만치 않을 반항의 시작에 대한 예고였을까? 경기가 너무 심해서 한참 동안이나 깨어나지도 않았다고 했다. 이런 증상이 오래 지속이 되었다면 분명 뇌에 산소가 공급이 되지 않아 장애도 될 수 있었을 테고, 목숨을 잃을 수도 있었다. 1965년생인 나는 시대적인 유아사망률에 새삼스러울 것도 없었지만 꾸역꾸역 살아났다. 선무당인 큰어머니가 장군께 빌어주신 영험한 기운은 장애도, 죽음을 빗겨갈 수 있었던 금과옥조였을까?

"저거는 옆에서 쪼매만 떠들어도 얼굴이 새파랗게 잠가져 빼리서(정신을 잃는), 저거 앞에서는 말도 제대로 몬했다 아이가."

오빠는 내가 경기가 심했던 유아시절을 이렇게 회상을 하곤 했다.

엉겁결에 치마에 싸서 이웃의 할아버지께 침을 맞히고, 손가락을 따서 번번이 살려낸 어머니가 계셨다. 철이 없던 사춘기 반항시절에는 이런 어머니의 사랑조차도 위선이라고 항거를 했다. 심지어는 왜 살려 놨느냐는 미친 푸닥거리도 했다.

"어머이 니가 뭔데. 와 살리 갖꼬 첩의 딸 소리를 듣게 하노?"

"꼭지야! 니를 내 배 아파서 안 낳지마는, 내가 너것들을 볼라꼬 고상한 거는 고상이 아이라 팔자였던 기라."

"어머이 니가 옴마를 안 데꼬 왔으모 팔자는 없었을 거 아이가."

당신의 청춘을 고스란히 바쳐서 얻은, 가슴으로 낳은 한의 결실이 바로 나의 존재란 것을 알 리가 없었던 내 유년시절…… 어머니는 이러한 내 반항마저도 용서하셨을 것이다.

"어머니! ○○씨가 언제부터 장애가 있다는 것을 아셨나요? 그 증상이 어떻던가요?"

"네. 태어날 때는 멀쩡했어요. 근데 경기를 한 후부터는 다른 아이들하고 달라서 병원에 가니까 장애라 합디다. 용한 점쟁이를 찾아서 굿도 하고, 좋다는 병원에 다녀 보기도 했지만 아무 소용이 없어서 포기하고 살았어요."

장애인 시설에 근무하면서 장애의 원인을 알기 위해서 보호자와 통화를 했다. 선천적인 장애보다는 후천적인 영향이 컸던 이들의 유형을 들으면서 전율을 했다. 간발의 차이로 장애와 비장애로 살 수 있었겠구나 하는 운명의 명제 앞에서 떠오른 사람은 단 한 사람, 어머니였다. 그렇다. 단순히 배 아픈 것만이 산고가 아니었다는 것을 깨달은 후로는 어머니의 다듬이 방망이가 내 뒤통수를 가격하는 것만 같았다.

그 뜻, 온전하게 살라한 그 뜻을 나는 나름대로 의미부여를 하고 있다. '받은 그 사랑을 돌려주고, 그들의 소리에 귀 기울여서 글로 말하고, 그들을 담는 질그릇이 되라'고. 그 사랑의 중심에는 아버지 · 어머니 · 엄마가 계셨다. 그들은 내 태곳적의 숙명이었다.

나에게 엄마 되기를 청했던 그 아이의 목소리가 귀에서 메아리처럼 울린다.

"선생님! 옛날에 할머니와 고모랑 같이 나 때문에 점을 보러 갔어요. 점쟁이가 굿을 하면 내 병이 낫는다고 했어요. 그래서 산에 가서 돼지머리 갖다 놓고 절도 하고 두 손으로 싹싹 빌었어요."

자신의 신을 위해 떠나간 엄마에게 외면당하고, 신을 받은 아내를 떠나보내고 술로서 탕진을 하던 아빠에게 또다시 버림을 받았다. 그 아이도 출생 시에는 장애아가 아니었다. 나처럼 경기를 했고, 후유증으로 지적장애를 가졌다. 설상가상 그것도 모자라 정신질환이라는 중복장애라는 이중고를 선사받아야 했던 그 아이의 잔인한 운명이 안쓰러워 하늘을 원망한 적이 있었다.

장애의 원인이 되었던 주 증상인 경기를 나도 심하게 하지 않았던가? 간발의 차이로 빗겨 간 것에 차마 감사조차도 못하겠다. 그들에게 너무 미안해서.

조강지처로 살 수 없었던 엄마는 피해의식을 가지고 어머니를 수시로 공격했다. 항상 활시위를 어머니의 가슴을 겨냥해서 원망의 화살을 날렸다. 피가 철철 흐르는 가슴을 부여잡고 혼자서 삭이어야 했던 그 아픔을 왜 뒤늦게 알았을까?

덕실 강가의 나룻배는 어머니의 시름을 장대의 노가 강심 깊숙한 곳으로 박았다. 나룻배 좁은 뱃머리에 앉아서 하염없이 강물을 바라보며 시름에 잠긴 어머니의 모습은 오늘 나를 너무 아프게 한다.

금지옥엽이었던 이복언니가 청상으로 아이들을 책임지고 살아가는 그 자체만으로도 충분히 십자가였을 텐데, 엄마는 그런 어머니께 위안은 될 수 없었다. 아버지와 그 아픔을 공유하고 위로받을 수 있었으련만. 이미 아버지는 내 남자로 치부하지 않은 그 꼿꼿한 성정은 어머니의 자존심이었다. 오죽 했으면, "민제야! 믿는다. 나는 니만 믿는다."를 노래로 부른 어머니였다.

남들 응어리는 잘도 풀어줬으면서 진작 당신은 그 누구에게도 풀길이 없었을 내 어머니를 어쩌면 좋은가. 이제는 내가 당신의 만수받이가 되겠다는데, 어머니 당신은 어디에 있는지 대답 좀 해보라고.

노인시설에 근무하면서 어르신들과 야트막한 뒷산으로 자주 산책을 나갔다. 거기에는 공동묘지가 아닌데도 제법 무덤이 곳곳에 무리지어 있었다. 후에 당신들의 집이 될 곳에서 쉬어서 갈 때가 더러 있었다.

죽어서도 호사를 하는 무덤, 정원이 잘 가꿔져 있었다. 가위손이 조경수를 예술적으로 다듬어놓고, 어려운 한자로 묘비명도 거창하게 삶을 예찬하는 무덤도 있었다. 마치 고분을 연상하는. 혹시 저 안에 순장은 하지 않았을까 생각이 들 정도로 높은 봉분이었다. 근데 내 눈길을 끄는 쓸쓸한 무덤이 있었다. 나란히 누운 걸 보면 부부로 짐작이 갔다. 봉분이 아주 낮아서 세월의 흔적이 읽혀졌다. 잔디 대신에 흙과 작은 돌멩이로 덮인 무덤은 마치 개미굴만 했다. 세월의 풍화 속에 돌보는 이 없는 무덤은 언젠가는 영혼 속으로 귀소되리라. 빽빽이 우거진 숲속에 한 줄기 비쳐드는 햇살은 초라한 무덤가를 벗하고, 이름 모를 새 울음과 바람소리는 그들이 나누는 대화로 들렸다.

아! 아버지와 어머니가 사후에 저런 무덤을 예상하셔서 그토록 아들을 간절히 원했을까? 아들을 얻기 위한 갖은 희생을 감수하면서 아들을 얻은 이유가 이런 것이었을까? 가끔 혼자 와서 커피와 과일을 대접했다. 절 대신에 묵념으로 무덤 주인들의 명복을 빌 수 있었던 오지랖도 평범하지 않은 가정환경의 영향 탓이었을 것이다.

내 삶에 있어 간발의 차이로 피해 간 것이 두 가지 있다. 유아적 심한 경기에서 장애를 모면했고, 주사가 심했던 남편으로부터 정신질환에서도 무사할 수 있었던 것은 어머니의 사랑이었다. 아기였을 때는 기억을 할 수 없어서 모르겠고, 결혼의 혹독한 시련기에는 어머니가 살아계셨다. 행여 내가 나쁜 생각을 하지 않을까 싶어서 항상 자존감을 일깨워 주셨다.

“니는 천금덩어리다.”

까막눈이신 어머니가 효과적인 상담기법이라든지, 상대방의 위안이 되는 대화를 할 수 있었던 것도 당신의 아픈 상처에서 기인된 산물이듯이, 세상에는 헛것이 없다는 것을 지천명을 지나고 보니 멀찍이 깨달아지고 있다.

이 세상에 나라는 존재를 있게 해주신 어머니. 바람 앞에 등잔불 같았던 나의 생명을 건져주신 어머니.

산고를 치르고 낳아주신 엄마 · 정신적 지주인 어머니, 복이 많아서 어머니가 둘이라는 사실에 너무나 감사를 드린다. 나에게 어머니가 둘이라는 운명은 축복이었다.

어머니! 당신을 사랑합니다.

"꼭지야! 새 신이라 발 안 아푸나?"

"어. 어머이. 빨간 구두라서 발 한 개도 안 아푸다."

도시의 세련된 아이마냥 원피스에 빨간 구두를 신을 수 있었던 호사는 어머니와 엄마가 계셨기 때문이다.

품팔이로 돈을 벌어오는 엄마, 장에 가서 사주는 어머니, 그녀들은 나를 위한 빛과 소금이었다.

04

엄마의 연리지

차라리 기억상실증에 걸리고 싶은 과거

"옴마가 우찌 될지 모르겄다. 빨리 와 봐라!"

엄마가 돌아가시기 전에 언니의 다급한 전화를 받았다. 한 시간 거리인 병원까지 운전을 어떻게 하고 갔는지 모르겠다. 도착했을 때는 눈을 감고 숨만 쉬고 계셨는데, 나는 살아서의 마지막 호흡이 아니기를 간절히 기도했다.

참으로 가녀린 등불이 서서히 심지에서 불이 붙기 시작했다. 천 근이나 되는 눈꺼풀을 겨우 뜨고는,

"여가 오데고? 병원가? 병원에는 와 왔노? 병원에 오모 또 살아나낀데 와 데꼬 왔노. 집에 가서 죽을란다."

참으로 못 말리는 안필도 여사의 고집스런 발언에 우리들은 엄마를 집으로 모셨다. 임종이 될 줄 알고, 정신이 들었을 때 오빠는 아들 된 입장에서 정리를 하고 있었다.

"옴마가 가고 싶은 데로 뫼(무덤)를 썼긴께 오데로 하꼬요? 아

부지하고 어머이 옆으로 갈라요? 아이모 사봉(귀밑머리 푼 이녁의 무덤이 있는 지명)으로 갈라요?"

"나는 너 아부지, 어머이 옆으로도 안 갈끼고, 내가 사봉도 싫다. 공산(동네어귀에 있는 공동묘지)에 묻어 조라."

"할무이! 그거는 안 됩니더. 할배 옆으로 모시낀께 그리로 가입시더."

엄마는 장손이 둘이다. 초혼에 실패해서 두고 온 아들에서 난 손자, 아버지께 오셔서 얻은 아들에서 난 손자, 지금 이 손자는 유명을 달리한 자기 아버지를 대신하고 있다. 개가한 할머니를 할아버지 옆에 모시려는 갸륵한 손자지만, 정작 엄마가 돌아가셨을 때는 우리는 엄마 뜻에 따랐다. 어머니와 아버지 옆도 아니고, 귀밑머리 푼 사람 옆도 아닌, 박 씨 선산이었다. 살러 왔지만 60년을 넘게 살았다. 충분히 선산에 묻힐 자격 된다. 앞이 툭 트였고, 양지가 발라서 겨울에도 춥지도 않은 명당이다.

머리맡에 앉은 우리들에게 일일이 당부하고, 오빠도 엄마를 편히 보내기 위해서 말을 아끼고, 며느리들은 엄마가 준비해둔 수의를 고르게 펴고 있었다. 깨어났다가, 실신을 반복하다가 아직은 때가 아닌지 소생한 엄마를 보고 이구동성으로,

"옴마! 오래 살겄다, 외할매가 장수를 했은께 백 살은 문제 없겄다."

차라리 그때 우리들이 다 모였을 때 엄마가 돌아가셨다면 더 행복했을까? 그랬더라면 훗날 쓸쓸한 죽음은 맞지 않았을 텐데.

그때 후유증 탓인지 살랑이는 봄바람에 꽃소식(치매)이 전해졌다. 엄마의 삶 저편에서는 아지랑이 몽글몽글 피어나고, 종달새 봄을 향해 노래하는 곳에 꽃소식이 내 귀를 간질이고 있었다.

막상 엄마의 마지막이 될 뻔했던 일을 겪고 보니까 이대로 보내면 안 되겠다는 생각이 꽃소식을 보면서 더 구체화되었다. 세상의 자식들이 죽음 앞에서는 관대한 효자, 효녀가 되듯이 나 역시 그 멍에를 벗을 수 없어서 엄마를 위한 이벤트를 하려고 했다.

한이 켜켜이 쌓여 퇴적층이 되어버린 기억의 편린들을 어떻게 해야 내려놓고 보낼 수 있을지 고민을 했다. TV에서 보면 최면 치료로 잠재된 응어리를 쏟아내고 눈물을 흘리는 모습을 보았다. 권하면 분명 안필도 여사식의 거부반응이 나올 것 같아 선뜻 말을 꺼내지 못했다.

"됐다. 치아라! 거기 뭣인고."

언니들한테 여행을 제안한 적이 있었다.

"엉가! 옴마하고 우리 넷이서 일본 온천에나 갔다 오모 안 되겠나? 일본은 가깝고 우리나라하고 비슷한께 옴마도 안 가겠나?"

안필도 여사를 너무 닮아버린 작은언니는,

"일본에서 영장(시신) 치룰 일 있나!"

어머니를 너무 닮아버린 큰언니는,

"꼭 일본까지 갈 필요 있겠나. 옴마는 오데를 가든지 우리 자식들 하고 같이 있는 그걸 더 좋아한께, 가까운 데로 잡아보자. 그라고 옴마가 비행기 오래 타서 무리 오모 안 간 것보다 몬하끼다."

아롱이다롱이의 생각에 갈피를 잡지 못하고 있다가, 우리는 엄마를 보내버렸다. 아무것도 해 준 것도 없이.

노인시설에 근무할 때부터 호스피스 교육을 받으려고 계획을 했었는데 아직도 받지 못하고 있다. 죽음이 삶의 끝이어서 그토록 두려워하는 것일까? 나 역시도 두렵겠다는 생각을 떨칠 수가 없는데, 막상 죽음에 처하면 얼마나 두려울까?

내가 호스피스 교육을 받고 난다면 두려운 죽음을 편안하게 인도할 수 있을까? 확신은 없지만, 우선 나의 편안한 죽음을 맞기 위함이고, 누군가의 마지막에 내 손을 잡고 영의 나라로 갈 수 있다면, 나 기어이 행함이어라!

안필도 여사의 첫 번째 고객은 놓쳐버렸지만, 낯모르는 그 누군가가 나의 손에서 편하게 떠나 갈 수 있다면…….

엄마의 기억력은 지닐총해서 귀신같았다. 몇 년 전에 있었던 일도, 육하원칙에 따라서 나열하는 것을 보면 신통력에 가깝다. 그래서 학교 다닐 때 용돈을 타 내기 위해서는 절대 반복되는 품목이 있어선 안 된다. 그랬다가는 안필도 여사의 질타가 담을 넘는다. 그래서 내가 잘 써 먹었던 것은, 피타고라스 · 소크라테스였다. 주로 엄마가 발음이 안 되는 것들로 우려먹어야 했다. 그런 엄마도 꽃소식 앞에서는 기억보다는 망각이 앞서는 것을 지켜봐야 했다. 차츰차츰 귀까지 멀어갔다. 고래고래 고함을 질러서 이야기를 다

하고 나면, 알아듣지도 못했다. 간혹 전화를 하면 일방적인 말만 하고 끊어버린다.

"밥은 잘 묵고 댕기나? 아푼 데는 없나? 차 운전하고 다니모 단디 해라."

뚝! 띠띠띠…….

구순의 엄마가 지천명을 넘긴 딸을 걱정하는 레퍼토리였다.

엄마의 삶을 길게 놓고 보면 그리 불행한 것만은 아니었다는 생각이 든다. 노인시설에 근무하면서 보았던 어르신들에 비하면. 그곳은 사연 많은 공화국이었다. 홀로이 임종하시는 것은 예사이며, 상주들의 곡소리가 없는 쓸쓸한 장례식장은 너무나 처량했다. 하긴 엄마 말씀처럼, '눈 감아 삐모 뭣을 알겄노.' 했지만 살아 있는 사람들은 보고 있으니까.

엄마의 임종을 지키기 위해서 자식들 · 손자들은 물론이고, 가까이 있는 친척들이 서열을 정해서 엄마의 마지막에 눈도장을 찍으려 했다. 그때는 임종 예비 연습을 그렇게 했었지만, 정작 마지막에는 홀로이 떠났다. 대신 장례식장에서는 조문객의 행렬이 줄지었지만.

부양 받을 자식들이 있고, 그 자식들이 사회적인 큰 성공은 못했지만 자기의 처해진 위치에서 최선의 삶을 살고 있다. 엄마가 오래 살기를 한사코 거부했던 이유는 이부異父오빠 때문이었다.

살러 오기 위해 남매를 두고 와야 했던 생이별의 주인공, 나와는 아버지가 달랐던 그 오빠는 장수를 하지 못했다. 쉰을 넘겼을 때,

엄마의 가슴에 묻혀야 했다. 아마 치매의 전조증상은 이때부터가 아니었을까 추측하고 있다.

참으로 다행인 것은 그 후로도 간헐적으로 정신을 잃었다가 깨어났다가 반복했지만 거동에는 아무 지장이 없었다. 본래 체격은 왜소하지만 잔병치레가 별로 없었으며, 타고난 부지런함으로 무장을 한 몸이라 연세에 비해서 허리도 꼿꼿했다.

엄마를 문병하기 위해 동네 어르신들이 방문했었다. 거의가 보행이 불편해서, 어르신들의 전용 유모차를 밀거나 지팡이에 의지하면서 오셨다. 바른 자세로 앉지를 못해서 엉덩이를 땅에 철퍼덕 내리 꽂는 할머니에 비하면 엄마는 너무나 직립보행을 하셨다.

"작은 유산띠! 이기 무슨 날벼락이요? 아즉도 산에 가서 깨사리도 꺾고, 우리들 중에 젤로 팔팔하던 사람이 하루아침에 이 무신 일이요? 빨리 털고 일어나서 경로당에 10원짜리 화토도 치고, 우리 커피도 타 주러 와야 될 거 아이요?"

그랬다. 엄마는 산도 잘 타서 나랑 같이 고사리를 꺾으러 가면 항상 앞서 가서 빨리 안 온다고 재촉을 했고, 단골 시골 의원에서는 '발발이 할매'로 불릴 정도였다.

"야야! 깨사리가 났더라! 개골에 혼자 갈라 쿤께 인자는 무섭더라. 시간 맞차서 한 번 가자."

어느 해에는 시간 없다고 툴툴거렸고, 제발 꺾지 말라고 만류했다. 엄마의 예비임종을 하고 나서는 나는 개과천선을 했다. 햇고사리가 날 즈음에는 아예 미리 근무 표에 off를 신청해 둔 적도 있었지만, 엄마가 안 계신 지금은 차라리 그때가 그립다.

"엄마! 딱 한 번이라도 보고 싶다."

엄마의 연리지

아버지와 엄마의 귀밑머리 푼 이녁과의 간극은 뭐였을까? 첫 번째와 두 번째라는 순서?

나는 말하고 싶다. 엄마에게 사랑이 있었다는 것. 굳이 아버지가 아니어도 섭섭해 하지는 않는다. 그 짧았던 사랑이 살면서 당신 스스로 위안과 격려가 되었을 기억마저도 원망하고 싶지 않다. 오히려 엄마가 부럽다. 오랜 세월 동안 한 사람만 품을 수 있었다는 그 순애보가. 비록 사랑은 달랐지만 아버지께 최선을 다했고 우리 자식들을 위해 노예처럼 산 삶이 딸의 입장에서는 가슴이 아플 뿐이다. 까막눈으로 평생을 살았던 엄마의 한을 조금이라도 덜기 위해 글로써 말하고 있는 것이다. 이 글은 엄마를 위한 회심곡이 되기를 바라는 간절한 마음이다. 한 자 한 자 새길 때마다 흐르는 눈물을 감수하고 있다.

나는 주로 습지의 사랑을 많이 접하면서 살아왔다. 직업적인 특성이 그 이유가 되겠지만, 그들의 사랑을 아주 존중한다. 너무나 안타까운 사랑 앞에서 절망을 했었고, 나의 무능력을 탓할 때가 많았기에 그래서 그들에게 미안하다. 하긴 내 감정에 치우친 노력만으로 사랑의 결실을 희망하기에는 장애와 질병은 우리에게 아직도 벽으로 존재하고 있는 것이 현실이다. 그래도 척박한 땅에서 싹이 돋아나듯이 언젠가는 그 벽도 허물어질 것이라고 믿고 싶다.

정신과 병동에 근무할 때다. 제법 규모가 큰 병원이어서 남녀 환자들이 연령층이 다양했다. 평일 낮에 한 시간씩 허락되는 산책에서 서로의 구애가 난무했다. 무료한 병상생활을 달래기 위해서 만든 수공예품은 어느 예술가의 솜씨에 뒤처지지 않았다. 나는 거기서 재미난 사실을 알았다. 우리가 생각하면 섬세한 수공예품은 여자들이 더 잘 만들 것이라 생각하는데, 전혀 아니었다. 여자들은 관심도 없었고 단 한 명도 만들지 않았다. 오히려 남자들이 색색이 배합해서 총천연색의 학 · 꽃 · 연필꽂이 등 작은 소모품으로 작품을 만들었다. 매년 전시를 해서 경매가 될 때도 있었다.

배를 아주 잘 만드는 환자가 있었다. 내가 볼 때는 독도함 축소판 정도 될 것 같았다. 바로 바다에 띄워도 손색이 없을 것 같았다. 정신과 병동에서만 보기 아깝다는 생각이 들었다. 그 배를 연세 드신 의사선생님께서 사 주신 훈훈한 정도 있었다. 혹은 작품들을 마음에 드는 여인에게 선물을 해서 내 부러움을 살 때가 많았다. 마음까지도 얻어가기를 바라면서.

삼십대 초반의 여인이 다른 병동의 남자와 사랑에 빠졌다. 병의 진행과정상 가정을 꾸리기에 불가한 진단을 받고는 자살소동을 일으켰다. 그 여인은 자살하기 위해 샴푸를 먹었지만, 위세척으로 생명에는 지장은 없었다.

사랑을 갈구하지 않는 나도 사랑 때문에 목숨을 버릴 수 있다는 지고지순의 사랑 앞에 고개가 숙여졌다. 비록 정신건강의 질병은 있었지만, 그 순간에는 그것조차도 방해가 될 수 없었을 것이란 걸 난 확신한다.

엄마는 사랑을 위해 목숨을 버릴 수는 없었겠지만, 과거의 사랑을 아버지라는 플롯과 상생하면서 공존했을 것 같다는 생각을 한다. 선택하기보다, 선택당할 수밖에 없었던 운명의 명제 앞에서 삶을 거부할 수 없었기 때문이었을 것이다.

엄마는 장에 갔다 오면 아버지께서 좋아하시는 수수떡을 사 와서 새참으로 챙겨드릴 때도 있었다.

“저 아부지 쑤시떡(수수떡) 잡숫고 하소.”

참 투박한 말 던짐이었지만 그 속에는 남편으로서 버팀목과 청상과부로 살지 않게 해준 감사도 충분히 있다고 의미부여를 하고 싶다.

엄마의 단순한 사랑 논리에서 본다면 아버지를 받아들이는 것은 과거의 사랑을 배신한다는 정의감에서 아버지께 살갑게 다가서지 못했다. 그러면서도 이율배반적인 것은 아버지는 당신의 바람막이였다는 것이다.

연리지, 뿌리가 다른 두 나무에서 얼마나 애틋했으면 한 몸으로 엉킬 수 있을까? 굳이 자연의 생태적인 진화론으로 말하고 싶지 않다. 그것은 서로를 간절히 원하는 사랑이었다고 이름 붙이고 싶다.

엄마의 연리지는 단연코 귀밑머리 푼 이녁이다. 소복 속에 여자를 숨기고 평생을 석녀로 사는 것만이 연리지 자격은 아니라고 생각한다. 주구장창 간절히 원한 그 마음으로 충분하지 않을까? 조강지처는 아니지만 아내로 · 엄마의 이름으로 살 수 있었다는 삶을 부정할 수가 없기 때문이다.

한 나무는 죽어서 뿌리를 뻗었고, 한 나무는 살아서 그 뿌리에 휘감기어 한 몸이 될 수 있었다는 나의 억측이자 괴리를 승화시켜서 그들을 연리지라 부른다.

다시 봄이다. 엄마 무덤가에도 파릇하게 싹이 돋아나고 있다. 엄마 이웃들은 부부가 합장을 하고 있다. 하나도 부럽지 않을 것이다. 살아서도 자유로운 영혼이 대세인 요즘에, 죽어서도 같이한다면 끔찍할 테니까.

그녀 마지막 연리지인 나는 오늘도 까막눈에 등불을 밝히고 있다.

엄마도 가끔은 보헤미안을 꿈꾸었다

비가 문제였다. 나를 간절히 떠나게 유혹하는 비가 초여름의 대지를 적셨다. 남편은 내가 하는 말에 항상 트레바리가 전부여서 이미 난 말문을 닫고 살았다. 그래서 내 안에 차고 넘쳐나는 말의 홍수를 쏟고 싶었다. 저 빗방울이 떨어지는 창가에 머리를 기대고 잠시라도 떠났다 오면 살 것 같았다. 그 길만이 빈사에 허덕이는 생명수가 될 것 같았다. 하지만 난 그리하지 않았다. 용기가 없었다. 치러야 할 대가에 몸서리를 쳤다. 대신에 세찬 빗줄기에 머리부터 발끝까지 나를 맡기고 하늘을 향해 울부짖었다.

"더는 감당할 여력이 없으니, 차라리 저를 거두십시오."

하늘을 향해 절규를 했다. 이혼을 하기 전에 그는 가즈스럽기의 극치였으며, 가납사니의 대명사였다. 주색잡기로 삶을 일관하는 그와 이성을 가지고 나를 지탱하기에 한계상황이 와 버렸다. 나의 마지막 보루인 아이들을 위함이라는 명제마저도 위선처럼 느껴졌던 절체절명의 위기가 있었다. 이십 년 전쯤이다. 이런 시련을 준 하늘의 뜻을 오늘 나는 이렇게 말하고 있다. '낮은 곳에서 그들 상처는 싸매고 함께하라'고. 이곳을 보내기 위해 장애 버금가는 시련으로 나를 연단시키지 않았다 싶다.

살면서 이런 상처는 경험을 하지 않는 것이 좋겠지만, 어차피 예비 된 시련이라면 정신을 바짝 차려야겠다고 생각했다. 정말 운명과 맞장을 뜨는 심정으로 이를 앙다물었다. 그래서 지금의 홀로 아리랑이 내 삶에서 화양연화化樣年華다.

"이 집구석이 아니모 내가 몬 살까! 동냥을 해도 지금보다는 잘 살겄다. 논가에서 죽으모, 논임자가 장사지내 주끼고, 밭가에 죽으모 밭임자가 장사지내 주끼다. 이리는 몬 산다."

엄마 당신께는 참으로 절망적인 발언인데 지금 내가 되새김질을 해보면 귀여운 여인의 호사스런 독백처럼 들리는 이 배은망덕함은 뭘까?

이미 엄마는 우리 집에서 떠날 수 없다는 사실을 본인이 잘 안다. 만약에 엄마가 없더라도 어머니라는 후속조치로 인해서 가끔씩 엄마를 만나고 살아도 우리들은 힘들지 않는다. 그리고 엄마는 막내인 나를 당신 방식대로 너무 사랑했기 때문에 절대 떠날 수가 없었으며, 끈 떨어진 갓으로 살고 싶은 마음은 추호도 없었을 테니까.

내가 어렸을 때 본 회치(들놀이)는 아버지들 신명보다는 어머니들이 더 열광적으로 몸을 장구가락에 맡기고 통속적인 유행가에 목청을 높였다. 덕실 강가 모래밭에는 삶에 지친 그대들을 위한 자연이 무대가 되었다. 스트레스가 고도비만이 될 즈음에는 절기상 휴식이 도래했다.

사월 초파일은 파종을 해놓고 농번기를 시작하기 전에 한판 질펀하게 놀라는 뜻이었고, 칠월 백중에는 호미씻이를 한다. 모내기가 끝난 즈음에 풍년을 기원하는 뜻의 회치였다. 그날만은 햇볕에 그을린 어머니들 얼굴에는 뜬 분가루와 입가에는 쥐 잡아 먹은 빨간색 벤니(립스틱)를 허락했다. 젖먹이 어린아이는 미리 배를 불려서 맏이 등에 업히고, 당신들은 장롱 깊숙이 모셔둔 깔깔이 한복을 꺼내 입는다. 제 스스로 봄 처녀인 마냥 "연분홍 치마가 봄바람에 휘날리더라~." 눈치도 없는 젖먹이가 기저귀에 오줌 한 번 싸버리면 오늘 하루 화류계에 등극한 어머니 젖을 찾지 않을 수가 없다. 신이 난 회치 판에서 젖먹이는 불청객이지만 막걸리로 거나하게 취한 어머니들은 부끄러운 줄 모르고 가슴을 헤쳐 풀고 아기 민생고를 해결해준다. 어머니들 청춘은 봄날과 함께 이렇게 사위어 갔다.

보헤미안을 꿈꾼 엄마를 충분히 이해를 한다. 당신 스스로 자처한 고립을 풀길이 없어서 과격한 신세한탄으로 아버지나 · 어머니께 공감을 사지는 못했지만, 밑바닥에 깔린 복선을 알기 때문이다.

음주가무를 즐기지 않았던 엄마도 가끔씩 흥얼거린 노랫말이 있었다. 그때는 예사로 들었는데, 우연히 《한국구비문학대계》, '합

천편'을 접했다. 잊혀져가고 있는 우리 소리를 모 대학교수들이 채록한 책이다. 노래로 불렀지만 정확하게 맞아 떨어지는 4음보 시조 같다.

쌍금쌍금 쌍가락지 호작질로 닦을세라
먼데보니 달을세라 절에보니 처절레라(처자일레라)
그처재라 자는방에 숨소리도 둘일레라
그오라바시 홍달바시 거짓말씸 말아주소
쪼끄만한 기피방에(재피방에) 물리(물레)놓고 비틀놓고
바상불로 피아놓고 쪼끄만한 기피방에
둘이잘데 어딨던게 날랑날랑 죽거들랑
앞산에도 묻지말고 뒷산에도 웃지말고
연대밑에 묻어주소
연대꽃이 피거들랑 날만이기(여기) 돌아보고
가랑비가 오거들랑 홑이불로 덮어주고
소낙비가 오거들랑 도랭이가(도랭이로) 덮어주소

무슨 내용인지 정확하게 물어볼 걸 하고 후회스럽다. 책에는 '누명쓴 처녀 입장을 옹호했다.'고 짧게 해석되어있다.

엄마 유일한 취미생활에서 혼자 할 수 있는 것들 중에는, 빨래 방망이질 · 절구질 · 다듬이질 또 산에 나무하러 가서 혼자 우는 것이었다. 여럿이 함께 하는 것 중에는 마실을 즐겨 다녔다. 뒷담화의 대가들과 바르집어서 구설수 중심이 될 때가 많았다. 담아놓지도 못하는 성격이면서, 그렇다고 다 쏟아놓고 털어버리지도 못하는 복잡한 심경의 소유자가 꿈꾸는 것은 한 번쯤은 벗어나고픈 집념이었지 싶다.

내가 사회복지시설에 근무하면서 수시로 보고 접한 증상이 있다. 연기처럼 사라졌다가, 부메랑처럼 돌아왔다. 간혹 영원히 떠날 것처럼 끝까지 갔다가 회귀 본능으로 돌아오는 사람들이 있었다. 굳이 여기 아니어도 내가 살 곳은 천지사방이고, 더 좋은 대접을 받을 수 있다는 생각에서 기인한 행동을 더러 접했다. 그들을 볼 때마다 엄마 푸념이 떠올랐다. 나도 비의 유혹에 주체할 길 없어서 무작정 떠나려고 몇 번이나 시도를 했지만 끝내는 현실의 나를 망각하지 못한 처절한 몸부림이 있었으니까.

우리는 왜 떠나고 싶었을까? 엄마 · 장애인 · 나는 돌아오기 위해서? 돌아올 곳이 있으니까! 돌아와서 잘 살기 위해서였으리라.

엄마는 꽃을 좋아하셨다. 언젠가 동백꽃을 보면서,

"우찌 저리 빨갛노. 저거 따서 미영천(무명천)에 물들이서 우리 꼭지 저고리 해 입히모 인물 나겄다."

빨간 동백꽃말, '그 누구보다도 당신을 사랑합니다.' 꽃말처럼 사랑의 옷을 입었다. 그것은 엄마 사랑이라는 씨실과 날실로 짜서 비바람에는 바람막이가, 뼛속까지 스미는 추위에는 화로였다. 힘든 세상에 용기라는 조끼까지 덧입혀서 멋을 내게 해준 엄마의 못 말리는 내리사랑에 나이를 잠시 내려놓고 웃어본다.

꽃을 좋아한 엄마를 위해서 칠순에는 처음이자 마지막인 장미꽃 바구니를 선물했다. 이것이 엄마 생애에 최고 호사였다. 잔병치레가 없었고, 외할머니가 장수하셔서 백 세까지 거뜬하리라 여겼다. 근데 아흔하나에 안필도 여사는 졸猝했다. 하긴 숫자에 불과한 나이가 무슨 의미가 있겠는가. 파란만장한 삶이었지만 그래도 그만하면 괜찮게 살았다고 딸인 입장에서 자위하고 있다. 산 자의 위안일까? 백 세 생일에는 꼭 백송이 장미를 들고 무덤가를 찾으려고 한다.

지금쯤 엄마는 나비처럼 훨훨 날아서 가고 싶은 곳, 보고 싶은 사람들을 실컷 만나고 굳이 돌아오지 않아도 되는 보헤미안이기를…….

호적에 입적도 못 되고

법적인 어머니 · 낳아준 엄마, 나의 화려한 출생이력서이다. 1남 3녀인 우리들은 아버지와 어머니 밑으로 등재되어 있다. 지금은 부모님 사망으로 고아나 다름없다. 그렇지만 법은 나에게 멀어서 무용지물이다. 호적에 입적은 안 되었지만 엄마 유전인자를 고스란히 물려받은, 부정할 수 없는 친자관계인 모녀가 존재하고 있다. 유년기에 평범하지 않은 이 사실이 싫어서 차라리 천애고아가 더 낫겠다는 생각을 했다. 방해물이 오직 어머니 때문이라 생각하고 반항을 일삼았다. 당신, 내 어머니는 자식들을 위해서 법이 허용했다면 그마저도 내놓았을 것이란 걸 알았을 때는 나도 나이가 들어버린 후였다. 생각하기 나름이지만 참 별것 아니었는데 그때는 혹독한 트라우마였다. 다른 사람들은 너무나 지극히 당연한 사실인데, 그 평범 조차도 가지지 못한 원망에 대한 항거였다.

박경리 《토지》에서 '임이네' '용이' 사이에 태어난 '홍'이를 보면서 위안을 많이 삼았다. 소설이지만 나와 흡사한 우리 집, 어머니들과 비슷한 성향의 인물들이 감동받게 했다. 월선이 같은 어머니, 임이네 같은 엄마. 만약에 '홍'이에게 '월선'이가 없었더라면 '홍'이도 문제아의 삶을 살 수도 있었을 것이고, 나에게 어머니가 안 계셨더라면 나 역시도 어떤 삶을 살고 있을까? 소설 속 인물을 대입시켜서 위안을 삼거나, 합리화를 이런 식으로 시키면서 살았다.

엄마는 법적으로 우리 집 번지에 동거인으로 입적되었다가 사망신고를 했다. 자식들이 수두룩하고 손자 · 손녀들이 강가 모래알처럼 많은데, 법은 이렇게 따로 놀았다.

사춘기 시절에 그 사실을 처음 알았을 때 너무 충격이었다. 더 미웠던 것은 엄마가 호적에 입적도 못하면서 고생하는 것이었다. 특히 여름날 뙤약볕에서 김을 매는 모습은 내 가슴에 불도장처럼 찍혀서 지워지지 않고 있다.

결국 내 반항의 시작은 엄마로 향한 연민이 컸기 때문이다. 그 고생은 나 때문이라는 자책을 씻을 수가 없었다. 내가 늦둥이로 태어나지 않았더라면 내 성장을 위해 저토록 고생을 하지 않아도 됐을 텐데 하는 죄의식이 반항으로 표출된 것이다.

부모님이 없는 사람들, 부모님이 계셔도 함께할 수 없는 사람들과 오랜 세월을 그들과 같이하고 있다. 꿈을 물어 보면 거의가 엄마랑 같이 사는 것이다. 심지어는 세 살의 지능을 가진 어른아이도 '엄마'라는 단어만 들어도 우는 사람을 볼 때면, 도대체 엄마는 뭘까? 엄마가 되어버린 나도 답을 찾지 못하고 엄마인 채 살아가고 있다.

복지시설 들머리에 광식(가명)이 아제가 있었다. 머리가 희끗희끗하고 목소리는 카랑카랑했다. 바지춤은 늘 영구처럼 가슴 밑에까지 끌어올리고, 흰 고무신을 신는 스타일을 고수했다.

"언니야! 니는 와 옴마랑 안 살고 여개 와 있는데? 너 옴마한테 가서 살아라. 나는 우리 옴마가 광식이를 놨두고 먼저 안 죽어뺐나. 그래서 여개서 언니들(사회복지사들)이랑 살고 있다 아이가."

광식 아제는 엄마가 보고 싶다고 가끔 대성통곡을 할 때가 있었다. 어머니와 같이했던 사진첩을 보물인 양 안고 살았다. 그 사진들을 보면서 설명해 달라고 하면 금방 눈물을 그치고 너무나 행복한 사람마냥 신이 나서 떠든다.

"언니야! 이 사진은 동네 사람들하고 옴마하고 광식이캉 꽃구경을 가서 찍었고, 이 사진은 우리 집 복순이(강아지 이름)캉 찍었고……."

광식 아제 어머니께서는 당신이 안 계신 빈자리를 살아서부터 준비하지 않았나 싶다. 아들을 위한 당신 사후의 배려가 광식 아제 힐링이었다.

그러고 보면 나는 어머니나 엄마와 같이 찍은 사진이 거의 없다. 바쁘다는 핑계였지만, 어쩌면 그녀들과 사진 찍는 자체를 거부했는지 모르겠다. 이런 못된 심성을 가진 딸이 보고 싶다고 엄마는 전화를 자주 하셨다.

“온제 오끼고? 한 번 댕기 가라”

“옴마! 시간 되모 가낀께 기다리지 마라”

“그래 알았다. 밥은 잘 챙기 묵고 댕기고 단디 해라”

시간은 항상 있었지만 엄마니까 괜찮다는 생각으로 살아온 나에게 꽃소식(치매)을 접했을 때는 광식아제보다 못하다는 생각이 들었다. 회한이 홍수가 되어 가슴에 범람을 한 적이 있었다.

엄마 머리맡에는 백팔번뇌 염주가 있었다. 염주 한 알 돌릴 때마다, ‘나무관세음 보살’을 하면 자식들 건강과 안녕을 지켜준다는 말에 매일 한다고 들었다. 그때는 쓸데없이 한다고 면박을 주었지만, 오늘 내가 건강한 삶을 유지할 수 있는 것도 엄마 염주가 닳을 대로 닳아진 덕분이지 않을까 싶다.

혹독히도 추웠던 그 해 겨울을 나고 봄이 오고 있었다. 다가올 봄이 사뭇 두렵기까지 했다. 행여 대지의 꽃소식에 편승해 엄마 정신세계에서 꽃이 만발하는 건 아닐까 하는 기우 때문이었다. 내 일터에서 다양한 치매 증상들을 접해봤기 때문에 엄마가 자연스레 오버랩 될 때가 더러 있었다. 하지만 엄마는 우려한 것만큼 지나친 증상은 보이지 않아서 참으로 감사하게 생각했다.

노금자(가명) 할머니, 곱상하고 이지적인 이미지가 강해서 겉모습으로는 치매를 가늠하기가 힘들었는데, 실상은 그게 아니었다. 자주 나를 불러서 당신 살아온 이야기, 고스톱을 같이 하자 해서 바쁠 때는 슬쩍 피하기도 했다.

젊었을 때는 장사를 해서 경제적인 밑받침에 상당한 일조를 했고, 할아버지 역시 탄탄한 재력가였지만 노후를 같이할 수 없는 사연이 있었다.

“시집을 오니까 찢어지게 가난한기라. 철부지 시동생, 시누이들이 줄줄이고. 몸이 불편한 시부모님을 대신해서 죽도록 일을 했더니 형편이 풀리는 기이 재미있어서 더 열심히 살았제. 남편한테도 번듯한 사업장을 주고, 살 만하니까 바람을 피우더니 다른 여자와 살림을 차리는 기라. 그 꼴 보기 싫어서 이혼을 해주고 나도 춤을 배웠제. 제대로 써 먹지도 못하고 풍을 맞아 이리로 오게 된 기라.”

좀 맥락은 다르지만 정비석의 《자유부인》이 연상되었다. 그 기량을 필드에서 빛을 발하기도 전에 접어야 해서 안타깝기도 했다. 그 시대 어머니치고는 그로테스크한 삶이었지만 나는 이해를 하고 싶었다. 춤에 있어 문외한인 나는 춤사위를 물을 수 없었지만 과거 화려한 경력을 대신이라도 하듯이 장롱 속에는 반짝이 의상들만이 차곡차곡 걸려 있었다.

노금자 할머니는 주로 음식물을 장롱 속에 숨기고, 눈에 보이는 것들은 모두 몽태쳐서 꼭꼭 숨겨두는 주 증상을 가지셨다. 다른 치매 증상을 가지신 할머니들로부터 ‘도둑년’이라고 집단 따돌림을 당하기도 하고, 소란을 야기해서 진정시킨다고 동분서주했던 적이 있었다. 끝내는 증상이 심해서 정신과 병동으로 이송되셨다. 오래전 일이라 생사는 가늠 못 하겠다. 제발 건강하게 살고 계시기를 기도할 뿐이다.

무엇이 나를 놓아버리게 했단 말인가? 이 땅의 그녀들은 내 어머니들이고, 한때는 청춘을 구가한 시절이 있었던 여자들이었다. 나도, 우리 모두가 피해 가기를 바라는 전철을 당신들이 먼저 밟고 있을 뿐이다.

엄마는 물론이고, 한 지아비와 끝까지 해로할 수 없었던 할머니들 공통적인 생각은, '귀밑머리 푼 사람이 젤인기라.'를 진리처럼 말씀하셨다. 노금자 할머니는 이혼녀를 자처했지만, 목숨처럼 생각하는 호적부에 곱표가 줄쳐지고 주홍글씨를 감수해야 했던 그 마음 오죽했을까 싶다.

엄마는 법적으로 아버지와 우리들과는 무관하지만, 차라리 노금자 할머니처럼 줄이 그어져도 당신 흔적을 새기기를 바랐을까? 법은 바위처럼 꿈쩍하지 않아 내 힘으로 엄마 염원을 이룰 수는 없었다. 대신에 살아서 씻김굿을 준비하려 했다. 명치끝에 걸린 한을 시원하게 뚫어주려 했지만, 기다려 주지 않고 먼 길을 떠나버렸다. 지금은.

그 가슴에 아들을 묻고

엄마는 아버지한테 오기 전에 낳은 남매가 있다. 나에게는 아버지가 다른 오빠와 언니가 있고, 어머니가 다른 언니가 한 명 더 있다. 이리 칡넝쿨마냥 피가 얽혀버렸다. 어쩌면 원초적으로 풀 수 없는 동맥경화일까?

어머니 · 아버지 · 엄마 그 정이 많았던 유전인자가 대가 바뀌니까 퇴색되어 버렸다. 어머니 유일한 혈육인 이복언니 조카들은 나이 어린 이모들이 있다는 사실조차 부끄러움이었을지 모르겠다. 그도 그럴 것이 사회적인 잣대에서 자랑할 수 있는 위치가 아니기에 더 애틋하지 않았는지 모르겠다. 하지만 그들 엄마, 나에게는 이복언니와 우리 남매는 둘도 없이 지내다 보냈으니까 딱 거기까지다.

엄마한테는 장손이 둘이다. 아버지가 다른 오빠 아들이 있고, 역시 나에게도 조카다. 오지랖은 넓었지만 푸접이 넘쳤던 엄마 유전인자는 찾으려야 찾을 수가 없다. 각박해진 현실 탓일까? 만화방창한 퍼즐 속에 있는 잡초 하나 정도가 우리 고모들이다. 이 조카에게도 딱 여기까지다.

이쪽저쪽 조카들을 원망하지 않는다. 우리가 선택한 가정환경이 아니고, 세상은 빠르게 변하고 있다. 한 푼이라도 낭비하면 살아남을 수가 없는 치열한 현실에서 고리타분한 정 타령이나 하니까, 이모들 · 고모들은 못살고 있는 것이다. 그들 입장에서는 충분한 사고방식일 테니까.

귀밑머리 푼 남편과의 사이에서 얻은 장남, 그 오빠를 가슴에 묻은 지 10년이 지날 즈음에 꽃소식(치매) 전조증상이 보였다. 그러다가 정신을 놔버리고 혼절을 반복했다. 우리 자식들은 엄마 장례 절차까지도 논의를 한 적이 있었다.

어린 남매를 두고 팔자를 고치려고 돌아설 수밖에 없었던 엄마를 이 대목에서 난 죽도록 원망했다. 내 엄마이기를 거부하고 싶을 정도로. 그때 엄마가 처한 상황을 여자 입장으로서는 이해를 하면서도 비정한 모성애라고 원망만 했던 내가 이혼을 하면서 그 생이별의 아픔이 공감되었다.

나는 엄마와 상황은 달랐지만 이혼을 하면서 아이들을 두고 왔다. 너무나 보고 싶어서 아이들 방 창가에 가서 몰래 목소리만 듣고 올까? 학교 근처에 서성여 볼까? 그러다가 이성을 찾아서 정해진 날짜에 만나고, 전화와 메일로 안부로 물을 수도 있었다. 5년 정도를 그렇게 살다가, 학교와 군복무를 마치면서 지금은 아예 같이 살고 있다. 나에 비하면 엄마는 생이별을 하고 살았으니까 그 아픔이란 뼈마디마다에 새겨진 한이었을 것이다.

엄마 아들이 성장해서 찾아왔지만 어머니한테 문전박대(씨가 다르다는 이유로)를 당하고 돌아가야 했던 본인이나, 보내는 엄마 가슴에는 켜켜이 쌓인 한의 퇴적층이 피에타 상으로 승화된 것이다.

“동시(동서)야! 저 어매를 찾아온 아를 내치지 말고 심부름이나 시키고 데꼬 있어라.”

“오데요! 큰일 날 소리합니더. 박가 집안에 김가가 와서 우짤라꼬예.”

무당이신 큰어머니가 인도적인 차원에서 어머니를 설득했지만 한사코 만류한 이유였다. 당신 스스로도 아버지 대를 잇기 위해서 사촌오빠를 양자로 들이지 않았다. 아버지 핏줄을 기어이 보신 어머니 집념을 보면 이해가 안 가는 건 아니다. 그렇지만 엄마 입장에서는 이 얼마나 비정하고 매정한 처사였겠는가? 엄마가 어머니를 늘 공격했던 것은 이런 원망의 복선이 최고 원인이었다.

지금은 그 오빠나 어머니도 이미 오래전에 세상을 떴지만, 살아서 앙금을 거기서 풀었기를 염해본다.

“야야! 와 이리 일찍 여개를 왔노! 니를 보낸 너 어매 가심에 대못을 박았겄다. 살아서는 에미 노릇 못해서 지(엄마) 가심에 돌덩이를 얹었을 기고, 니를 이래 보내놓고 너 어매가 우찌 살겄노! 내가 니한테 면목이 없다. 미안하다. 용서하거래이”

"아입니더! 그때는 서분(서운)했지마는 지도 새끼들을 키워 본께 어머이 맴이 이해가 됩디더!"

"야야! 고맙다! 참으로 고맙대이!"

하고 손을 덥석 잡을 그들 천국생활이 눈앞에 그려진다.

얼마 전에 응급환자가 있어서 대학병원 응급실에서 병간호를 한 적이 있다. 생과 사가 엇갈리는 위기에 촌각을 다퉜다. 분주한 손길들을 보면서 많은 생각을 하게 했다.

중년의 아들이 교통사고를 당해서 의식을 잃고 구급차로 이송이 되어 왔다. 심폐소생술을 받고 있는데, 그 옆에 노모가 계셨다. 아들의 꺼져가는 생명을 보면서 외마디 비명조차 지르지 못하고, 그저 "내가 죽어야 되는데! 내가 죽어야 되는데!"만 반복하면서 끝내는 아들 눈을 감기는 노모를 지켜봤다.

신은 왜 저토록 잔인함을 노모에게 선사해야만 하는 걸까? 나는 그들 가족들은 모르지만, 저 순간에 노모를 대신할 형제들은 없을까? 줄기차게 생각했다. 저 노모의 살아갈 날이 걱정되어 눈물을 흘렸던 오지랖이 있다.

아들을 가슴에 묻고 살아가는 엄마 고통을 보았기 때문이다. 차마 온전한 정신으로 살기를 거부하고 때때로 찾아오는 꽃소식(치매)과 혼절을 해버리는 증상이 정신적인 충격에서 기인한 몸의 반응으로 나는 해석을 하고 있다.

엄마는 항상 "나무관세음 보살, 나무관세음 보살" 하고는 "휘이익~" 했다. 알아들을 수 없는 말들을 입속에서 웅얼웅얼했다. 한때는 참 듣기 싫어서 짜증을 내기도 했다. 지금은 내 나름대로 엄마의 임 향한 일편단심에 대한 시를 읊었다고 생각을 하고 싶다.

내 가슴 흐르는 피로 님의 얼굴 그려내어
내 자는 방안에 족자 삼아 걸어두고
살뜰히 임 생각날 제면 족자나 볼까 하노라

매창의 〈이화우 흩날릴 제~〉의 마지막 부분이다. 우리 어머니들 세대에는 사랑이라는 말이 아주 사치이다. 남자 사랑 그 자체를 표현하지도 못하고 오직 현실에만 강요당한 삶을 사신 그녀들이다. 그래서 나는 어머니는 아버지를 사랑한 여인, 엄마는 귀밑머리 푼 사람을 사랑한 여인으로 치장을 해주고 싶다. 그저 같은 여자 입장에서 부여해주고 싶은 내 마음이다.

패륜을 상습적으로 저지르는 아들을 둔 할머니를 본 적이 있다. 욕설은 기본적인 언어생활이었다. 자신의 목숨을 담보로 어머니를 위협하면 행여나 아들이 나쁜 행동을 하는 것은 아닐까 하고 내어줄 것도 없는데 다 내주는 할머니를 봤다. 심지어는 노령연금이 지급되는 통장까지도 아들이라는 명목으로 가져가서 바닥을 내고 있었다. 무일푼인 할머니는 여느 할머니들이 추렴해서 가는 관광이나 외식에 항상 빠져서는 혼자서 외톨이로 생활하셨다. 가끔씩 커

피나 간식을 가지고 찾노라면 멋쩍은 얼굴로,

"나 이런 거 안 좋아하니까 가져오지 마!"

진심이 아닌 걸 알기에 슬그머니 두고 나온 후 다음에 가보면 보이지가 않는다. 조금이라도 치유의 벗이 되기 위해 다가가려 하면, 먼저 자신의 아들을 말하지 않으려 손사래를 치신다. 아! 이것이 어머니구나. 내 아들 허물을 말하지 않고 오직 안으로만, 삭이는 당신. 영원히 자신의 벼리 안에서 헤엄치도록 하고 싶지만, 이제는 세상 바다에서 헤엄치는 아들을 위해 해 줄 수 있는 것이 없었다.

결과적으로 보면 이런 어머니들 정서 때문에 아들을 더 수렁으로 빠지게 한다. 나는 더 강요하지 않았다. 아들 갱생을 위해서는 한없이 걱정이 되었지만, 할머니 상처에 왠지 난도질을 하는 것 같아서 슬그머니 물러나야 했다. 그 아들은 상습적인 도박과 알코올 중독으로 병원에서 입원치료를 받아야 했지만 어머니는 아들을 설득시키지 못했고, 나는 그 할머니 마음을 열지 못했다.

이 땅 습지의 어머니들이 어디 한둘이겠냐마는, 무조건적인 사랑을 받은 나는 감히 이런 모성을 잘못된 자식사랑이라고 비난하지는 못하겠다.

안필도 여사는 옛날에 툭 하면, '부모 복 없는 년은 서방 복 없고, 서방 복 없는 년은 자식 복도 없다.'고 노래를 불렀다. 근데 돌아가시기 전에 목욕탕을 모시고 다녔을 때, 마지막 칭찬을 들었다. 몸과 마음이 아주 맑았을 때다.

“낳았을 때는 딸이라 지천을 했더마는 깨반(개운)해서 좋다.”

도라지꽃을 닮은 여인

"참을 수가 없도록 이 가슴이 아파도 여자이기 때문에 말 한마디 못하고~."

이미자 〈여자의 일생〉을 민요조로 부르는 하순자(가명) 할머니는, 자칭 뼈대 있는 집안에 태어나 친정에서는 금지옥엽이었다. 정신과 병동에서 근무할 때 만났던 그녀 모습은 도라지꽃을 연상하게 했다.

머리는 하얗게 세어서 봉두난발이었다. 구부정한 허리는 힘들었던 세월의 흔적으로 읽혀졌다. 목소리는 누구를 향한 외침이었는지 쉬어서 쇳소리가 났다. 그렇지만 하얀 피부는 젊었을 때 한 인물 했다는 것을 말하고 있었으며, 여전히 탱탱했다. 치매보다는 정신질환이 더 심해서 의사소통이 전혀 되지 않았던 초로의 여인이었다.

치매도 정신질환도 가끔은 빗겨 갈 때가 있는데, 나는 그 타이밍을 맞추어서 그녀 인생 풀 스토리를 듣게 되었다.

첫 번째 남편에게 소박을 당해서 쫓겨났다. 두 번째 남편은 남의 남자인 첩살이를 해서 아이들을 낳았는데 정확한 숫자는 물어보지 않았다. 자의든, 타의든 남성 편력은 세 번째도 남의 남자를 만나 아이들을 출산했지만 자식들은 일체 말하지 않았다. 그녀 역시 어머니였기에 자식들에게 흠집을 내고 싶지 않은 모성이었을 것이다. 그 자식들 중에 한 명이 나일 수도 있고, 남의 남자에서, 남이 어머니일 수도 있기에 나는 돌멩이를 던질 수가 없었다. 그 후에 거리 행려자로 떠돌면서 일회성 남자들에게 짓밟혀 제 정신으로 살 수 없었을 것이며, 그녀는 세상에게 돌팔매질을 당한 것이었다.

세 남자를 전전하면서 얻은 교훈, 남의 남자를 남편으로 둔 여인들의 로망은,

"귀밑머리 푼 사람이 젤인기라."

거기서 또 엄마와 같은 인생역경 한 편린을 보는 것 같았다. 그녀들 징한 운명 앞에서 속으로 난 목 놓아 울어버렸다.

"우리 엄마 잘 부탁 드려요. 불쌍한 사람입니다."

오십대 지적장애를 가진 귀여운 여인이 입소할 때, 딸이 내 손을 잡고 울며 한 말이다. 낳아준 어머니가 돌아가신 후에 아버지 후취로 와서 자신을 키워주고 갖은 고생을 했다. 출가외인인 딸이 장애를 가진 친정엄마를 모실 수 없는 형편에 안타까워 울었다. 아직도 내 가슴에 화인으로 찍혀 있다. 엄마를 외면하지 않고 책임지려는

그 마음에 오히려 내가 감사해서 질정 없는 눈물을 닦아야 했다.

나는 감히 그녀들을 사랑한다고 말하고 있다. 좀 남들과 다른 말을 하고, 좀 우스꽝스런 행동을 한다고 해서 우리는 그들의 말을 터부시한다. 내가 듣고 싶은 말만 들으려는 이기적인 생각 때문이다. 실은 조금만 귀를 갖다 대면 그들의 말을 들을 수 있는데.

사회복지사들 에게는 드라마가 없다. 하긴 스펙이 견고한 성처럼 쌓인 사람들을 제쳐두고 드라마 주인공을 꿈꾼다는 것은 언감생심이겠지만 나는 말한다. 하순자(가명) 할머니도, 귀여운 여인도 우리 드라마 속에서 충분히 주인공이 될 수 있다고. 그녀들은 누구보다도 순수한 영혼을 가졌기에 그 어떤 조명도 눈부셔 하지 않고 나를 부각시키는 꽃이 될 수 있다는 점이다.

그녀들 벗으로, 내가 늙었을 때는 엄마 같은 평안함으로 남고 싶다. 이 땅에서 하순자(가명) 할머니 같은 사람이 단 한 명도 나오지 않게 하고 싶은 바람으로 그녀들과 동행하고 싶다.

얼굴도 못생겼으면서 '이쁜이 엄마'라고 불린다고 같이 근무하는 직원이 놀린다. 그러면 난 반박을 한다.

"그라모 내가 시켰나!"

참 아이러니한 것이 그들 특성상 시킨다고 잘 따라 하지도 않지만, 자발적으로 이렇게 부른다는 것은 나를 자기편으로 생각했기 때문이다. 누군가 한 사람만이라도 마음을 열어서 의지하고 싶은 그 마음에 나는 기어이 못생긴 이쁜이 엄마로 자리매김하고 있다.

봄볕을 받아 밭가에서 부지런한 손놀림을 하고 있는 귀여운 여인이 눈에 들어왔다. 장난기가 동해서 도둑고양이처럼 발걸음을 죽여 가며 뒤에서 "와아악!" 하고 어깨를 와락 흔들었다.

"○○씨 안 놀랐어요? 나 같으면 기절했을 건데."

"저서 오는 것 알았는데 만다꼬(뭐하러) 놀랩니꺼."

"그래예, 뭐 하능교?"

"달롱개(달래) 캔다 아입니꺼, 된장에 넣어서 오글오글 찌지 무모 올매나 맛있는데예."

경상도 본토 발음을 너무 유창하게 구사를 해서 전형적인 경상도 출신인 나도 의아할 때가 더러 있었지만, 토속적인 그녀 매력에 나는 푹 빠져서 살았던 적이 있다. 후일에 그녀는 다른 시설에 전원 되어 지금은 추억만 하고 있다.

산수유, 홍매화 짙어가는 텃밭에서 우리는 봄을 캐고, 봄은 우리들 속에서 깊어만 갔다. 그녀들 안부가 궁금한 이 봄은 가고 있다.

요즘은 할미꽃을 보기가 참 힘들다. 내가 어렸을 적에는 할미꽃이 지천으로 피어서 관심조차도 없었다. 근데 언제부터인가 시야에서 사라져 가고 있었다. 그래서 엄마께 물어보면,

"옴마! 전에는 무름뜰(덕실의 골짜기 이름, 우리는 학교 갈 때 신작로보다 산길을 이용해서 원거리의 등교시간을 절약했다)에 할미꽃이 쌔빘더마 요새는 와 안 비노."

"하! 거기이 무신 한약재에 들어간다꼬 모리는 사람들이 캐샀더

마 인자는 눈 닦고 찾아도 없다."

"모낭골(덕실 골짜기)에 가모 바구에 처녀꽃(명자나무)도 많았는데 누가 다 파 갔노?"

"아이구! 그 처녀 꽃 없어진 지가 온젠데! 누가 분재한다꼬 옛날에 파갔다 아이가."

덕실 구석구석에 피었던 꽃들은 추억 속에서만 남아 있다. 처녀꽃 가시가 무서워 손으로 꺾지를 못하고 불타는 빨간 정열의 꽃을 보기만 했는데 지금은 인터넷 속에만 있다.

나이가 들면서 할미꽃이 보고 싶다는 생각을 자주하게 된다. 늙었다는 증거를 아련한 향수에 실어 봄소식에 전해 받아야 하는 것 보면, 봄은 잔인한 계절인가! 그래도 나는 봄이 좋다.

박완서《그 많던 싱아는 누가 다 먹었을까》를 읽으면서 '싱아'를 정확히 몰라서 나는 '삘기'와 접목을 했다. 우리는 삘기라 하지 않고 '삐삐'라 했다. 친구들이랑 잔뜩 뽑아서 껍질을 벗겨내고 하얀 속살을 껌처럼 질겅질겅 오래 씹었다.《토지》속 사람들은 삐삐로 배를 채워 민생고를 덜지 않았을까 하는 생각을 하게 한다.

지금은 처녀 꽃·할미꽃을 흔하게 볼 수도 없어서 안타깝다. 할미꽃의 부드러운 솜털 대롱과 고개 숙인 꽃 속에 담긴 사연, 처녀꽃의 날카로웠던 가시는 내 삶의 가시 면류관이었다. 그렇지만 이제는 상처도 아물었고, 더는 가시에 찔려서 핏빛 처녀 꽃잎에 선혈을 떨구지 않아도 좋다. 세월은 추억만 연민하기 때문이다.

나는 오늘 이 땅의 모든 어머니들께 하순자(가명) 할머니 애창곡이었던 〈여자의 일생〉을 바치고 싶다. 그녀들 고단한 삶을 잠시 내려놓고 당신들의 볕뉘에 노랫말로 대신한다.

참을 수가 없도록 이 가슴이 아파도
여자이기 때문에 말 한 마디 못하고
헤아릴 수 없는 설움 혼자 지닌 채
고달픈 인생길을 허덕이면서
아~ 아 참아야 한다기에
눈물로 보냅니다
여자의 일생

페미니스트가 이 시대의 주류라면, 그 페미니스트를 구가할 수 있었던 것은 여자라는 원죄의 어머니들 희생이 있었기 때문이 아닐까 하고 생각해본다.

도라지꽃을 닮은 여인도, 귀여운 여인도, 나도 세상을 향해 외친다.

"나는 페미니스트다!"

05

그들의 씻김굿

아버지의 꽃상여

늦가을, 억수같이 쏟아지는 빗속을 뚫고 아버지 꽃상여는 이 막내 울음을 뒤로하고 떠나셨다.

"망내이가 젤 불쌍한 기라. 아부지 소리도 쪼께 불러보고, 막내 울음소리는 저승까지 들린다 쿠던데."

평소 입버릇처럼 말씀하셨는데, 내 울음소리가 아버지 저승길을 동행했을까?

고등학교 2학년 때였다. 엄마는 아버지를 싫어했고, 어머니는 그 중간에서 이렇다 저렇다 입지가 없었다. 아버지 그 가슴엔 자식으로도 풀 수 없는 응어리가 켜켜이 쌓였다.

우리 동네 뒷산에는 이름난 가문의 선산이 있었다. 거기에는 매년 뫼사(시제)를 거창하게 지낸다. 마음이 상한 채로 참석한 아버지는 음식을 급하게 드시면서 기도에 막혔다. 응급처치도 받지 못하고 혼자서 그 한 많은 생을 마감하셨다.

외마디비명조차 지를 수 없을 만큼 틈이 없었을까? 주변에는 사람들도 많았을 텐데 아버지는 그 순간 투명인간이 되어버렸을까?

아침에 멀쩡하게 학교 갔다 오겠다고 인사를 하고 간 나에게 오후에는 병풍 뒤에 누워 계시는 아버지를 봐야 했던 잔인한 운명을 어떻게 받아들일 수 있었겠는가?

내가 감당하기에 너무 큰 시련이었다. '아! 나도 여기서 끝이다.' 하고 외치면서 아버지를 보내지 않으려 몸부림쳤지만 생과 사의 엄연한 삼라만상 질서 앞에 나는 무너져 내리는 가슴을 쓸어안아야 했다.

분노의 화살을 두 분 어머니께 여지없이 꽂았다. 어머니께는 당신의 자존심 때문에 속으로만 연민하고 아버지를 방치한 죄, 엄마께는 냉갈령하고 트레바리한 죄목으로 나의 감옥에 가두어버렸다. 형량은 무기징역으로. 아버지를 사랑한 내가 할 수 있었던 마지막 보루였다.

"내가 죽으모 다른 거 하지 말고, 〈회심곡〉이나 틀어 놔라. 죽어삐모 들리낀가 안 들리낀가 모리겠지만도 너머 집에 자슥들이 새이(상여) 나가는데 틀어 준께 듣기가 좋더라."

유언이 되어버렸다. 나는 아버지 영전에 향과 함께 〈회심곡〉을 장례식 내내 목이 쉬도록 틀었다. 아버지가 사주신 내 재산목록 1호인 카세트로.

열여덟 사춘기 소녀가 입은 상복은 이랬다. 머리에는 짚으로 만든 똬리를, 삼베 천 위에 눌러 쓰고, 광목의 소복을 입었다. 짚신을 신고, 대나무로 된 지팡이를 짚고는 문상객들이 오면, '아이고, 아이고' 곡을 해야 하는데 나는 그저 꺼이꺼이 울기만 했다.

입관하기 전에 나도 모르게 오빠를 붙들고,

"오빠! 우리 아부지 오데 갔는데예, 오빠! 아부지 데꼬 오이소!" 이러는 나를 보고 오빠도 서럽게 울었다. 지금은 그런 풍습도 없어졌지만 그때는 여자 상주들은 장지에 못 가게 철저히 막았다. 특별한 이유를 어른들께 듣지는 못했지만, 나는 아버지 하관을 보지 못했다. 단지 오빠와 언니(이복언니)만 뒤를 따랐다. 언니는 하나뿐인 오빠와 동행하기 위해 예외로 했다. 물론 형부들 · 사촌오빠들도 많았지만, 아버지께는 두 사람이 특별하게 유일했다. 그래서 이 아들을 보기 위해 살아서의 형극을 감수했을 것이다.

먼발치에서 장지로 향하는 꽃상여가 흔들바람에 작달비에 종이꽃이 떨어졌다. 흐르는 눈물을 주체할 길이 없어서 문득 고개를 들었는데, 시야에 허리가 구부정한 큰아버지께서 우산을 쓰고 아버지 상여를 하염없이 바라보고 서 계셨다.

살아계실 때 이미 당신 자리를 봐두고, 속이 상하실 때마다 앉아서 담배를 피우던 그곳에 영원히 잠드신 것이었다.

지게를 수없이 져 밭작물을 일궈 우리 자식들의 입에 사랑을 넣어주시고, 때때로 돈으로 사서(팔다) 과한 사랑을 입혀주신 그 밭가 한 귀퉁이에 누워서 열여덟에서 지금까지 뻔질나게 찾아도 지켜만 보고 계신다.

지천명을 지난 지금 아버지를 초혼해 본다.

흙속에서 당신은 결혼을 하고 이혼을 했을 때도 말이 없으셨고, 당신 막내가 낳은 금덩어리 같은 손자, 손녀가 와도 그냥 계신다. 천금 같은 친손 · 외손들이 강가의 모래알처럼 번성을 했는데 사랑도 못 때우고 누워 계시기만 한다. 그렇지만 나는 안다. 아버지는 나를, 우리를 굽어보고 계셔서 잘 살아야 한다는 것을.

매일같이 찾았던 아버지 무덤가를 다녀와서, 열아홉에 써 놓고 묵혀 두었던 시를 오늘 지천명이 지난 늦둥이가 바친다.

아버지

솔바람도 아닌 세찬 비바람이었습니다.
절규가 메아리 되어
하늘가를 핏빛 무늬로 물들인 당신과의 마지막 날이.

소리치고픈 그리움이 꿈틀거릴 때
사위를 배회하시는
당신의 영혼을 맞습니다.

오래전에 당신의 미소 속에 인간을 배웠습니다.
진실이 투영된 생애와

타협하려는 분투의 의지도 베꼈습니다.
부끄럽지 않은 마음으로.

희미하게 부각되는 당신의 영상 위에
심장의 동공으로
나래 저어 갈 수 있는
하얀 공간을 부여해 주십시오
나비처럼 사뿐히 내려앉아
이제껏 당신을 향한 그리움의 기갈을 사랑으로 채우겠습니다.

하늘 어느 구석에 잠재우신 당신의 넋을 위하여
오늘은 다만 한 움큼의 선혈을 쏟겠습니다.

어머니의 관을 붙들고 울던 엄마

추석에서 며칠을 지내던 초가을 아침에 어머니는 빨래를 널다가 계단에 머리를 부딪쳐 쓰러졌다. 어머니를 발견한 엄마는, 동네 젊은 사람들 도움을 받아 구급차를 불러 어머니를 응급실로 옮겼다. 병원에 도착했을 때는 이미 말문을 닫은 상태였고 산소호흡기로 겨우 호흡만 유지하셨다.

이런 날을 예견이라도 한 것처럼 오빠는 다행히 진주 가까운 곳에 출장을 와 있었고, 딸들과 사위들은 한걸음에 병원으로 모일 수가 있었다. 나는 평소에 잘 아프지도 않는데 추석 음식물 식중독으로 그날따라 병원에 입원을 했었다. 나를 제외한 자식들은 어머니 임종을 지킬 수가 있었다. 말문은 닫았지만 어머니 손을 잡으면 꼭 쥐더라는 언니 말을 들으면서 내 가슴은 생채기에 소금을 뿌린 것 같았다.

엄마와 내가 어머니 가슴에 비수를 제일 많이 꽂아서 마지막까지 보기 싫어서 난 아파야 했을까? 아니다. 내 어머니는 결코 그럴 사람이 아니다.

어머니는 죽음도 편안하게 맞았다. 여든두 해 동안 후덕하고 선했던 삶의 결과가 아닐까 생각한다. 평소에 입버릇처럼 말씀하셨다.

"우리 민제 고상 안 하거로, 춥지도 덥지도 않는 날에 자는 잠에 갔으모 좋겄다."

춥지도 덥지도 않는 가을날 아침에 쓰러져서 그날을 넘기지 않고 천금 같은 자식들이 지켜보는 데서 한 많은 삶을 내려놓았다. 지아비를 나눠 가지면서 자식을 얻으려고 했던 마지막 소원이 이것이란 말이던가?

"어머이는 호상이니까 너무 슬퍼하지들 마라!"

오빠는 우리 딸들을 위로했지만, 정작 그 어머니 애틋한 정은 누구보다도 오빠가 더 각별했을 것이다. 새 집을 지어서 사랑도 다 못 때우고 돌아가셨지만 오빠는 어머니를 지극히 모셨다. 아들임에 최선을 다한 오빠가 고맙다. 하긴 어머니께 오빠는 어떤 존재였던가? 그 넘쳐나는 사랑이 오빠한테는 한없는 부담이 되기도 했겠지만, 어머니께 오빠는 하늘 그 이상이었다.

"복 없는 내한테 오데서 이런 아들이 왔이꼬!"

우리 남매들한테는 생물학적인 모성보다는 어머니 가슴 아파 낳은 모성이 더 우선했다. 말끝마다 너 '오래비, 오래비' 해서 어머니께, 오빠밖에 모른다고 나는 툴툴거릴 때가 많았다. 오빠 출근시간 전까지 그렇게 끌밋한 양반이 머리 빗질도 안 하는 미신을 신봉했으며, 당신한테는 반말을 해도 오빠 결혼과 동시에 경어 쓰기를 강요해서 우리 딸들은 일찍부터 오빠에게 경어를 썼다. 그래서 오빠와 관계가 더 멀어졌는지도 모르지만.

장례를 치르는 동안에 날씨마저 화창했다. 아버지 때와는 달라서 장례식이라기보다는 잔칫집 같은 분위기는 정녕 어머니 마음 같았다. 출상하는 날에는 전형적인 가을 날씨로 인해 춥지도, 덥지도 않아서 장례식을 치르기에 너무 좋은 날씨를 허락받았다. 어머니 관이 꽃상여에 옮겨지기 전에, 엄마는 관을 붙들고 오열을 토했다.

"저 어머이! 다 내려놓고 가소! 내가 잘못했인께, 저승에 가서는 저 아부지하고 오순도순 사소!"

살아서 얽혔던 갈등이 죽음 앞에서 풀 수 있었던 운명의 실루엣은 아버지였을 것이다. 이제야 어머니는 용서와 화해를 하고 먼 길을 떠났을 거라 나는 믿는다.

아버지 장례식 때에는 갓난아기였던 장손은 장성해서 어머니 영정사진을 가슴에 안고 장지로 향했다. 친손 · 외손 · 사위들, 조카들과 문상객들은 여느 고관대작의 장례식을 방불케 했다. 살아서 쌓은 덕은 결코 헛되지 않음을 어머니를 보면서 알았다.

나는 〈회심곡〉 대신에 평소에 어머니가 좋아했던 가수들 노래를 틀어주자고 말했다가 작은언니한테 야단을 들었다.

"가시나야! 아파서 병원에 입원하고 오더마 정신도 이상한 거 아이가. 여가 회치(놀이)하는 데가."

누구보다 한이 많았던 내 어머니, 안상순 여사 호상에 질펀하게 굿판을 벌이고 싶었다. 거나하게 취해서 기분 좋은 가락을 뽑으면서 그 먼 저승 문턱에서 아버지 영접을 받게 하고 싶었던 나의 마음이었다. 그랬다. 굳이 어머니가 좋아한 노래를 틀지는 못했지만, 상여꾼들은 내 맘을 대신하는 것마냥 목청껏 상두가를 뽑아 주었다. 만장기의 펄럭거림은 백작부인의 오색 꽃마차를 연상하게 했다. 살아서 어머니 바람대로 장례식은 오빠를 힘들게 하지 않았지만, 삼우제 아침에 어머니 유품을 태우는 오빠도 기어이 동생들 앞에 눈물을 쏟았다.

"어머이! 좋은 데로 가서 아부지하고 편하게 사소."

어머니 영혼인 것마냥 화염 속 재는 하늘을 향해서 훨훨 날아올랐다.

노인시설에 근무하면서 무연고 어르신들 장례식을 많이 봤다. 불교시설에서는 〈회심곡〉을, 기독교시설에서는 찬송가로 곡소리 대신에 카세트의 볼륨을 높였다. 내가 상복을 입고 상주 노릇을 하고 싶은 생각이 들 정도로 쓸쓸했던 장례식장의 기억이 있다.

"죽어삐모 불에 싸질러서 뼛가루를 강물에 철철 뿌린다꼬 알끼가, 제사를 지내준다꼬 알끼든가, 눈감아 삐모 끝이제!"

아버지께서 겉으로 이렇게 말씀을 하시면서 아들을 낳지 못하는 어머니를 위로했다는 것을 안다.

아들이 없는 친정에서 단둘인 자매의 장녀로 태어났다. 출가를 했지만 친정 부모님들 사후를 책임져야 했던 십자가를 당신 유일한 혈육인 딸(이복언니)에게 대물림을 하고 싶지 않았을 것이다. 조카들이 많았지만 꼭 아버지 핏줄을 고집한 그 뜻은, 어머니 당신 잘못으로 인해 아버지 대를 끊을 수 없다는 집념이었다. 아들 얻기를 하늘에다 서원을 두고 손바닥 지문이 닳을 대로 비벼서 얻은 아들한테 행복한 장례식과 정성스런 제상을 받고 계신다.

까막눈이신 부모님들을 원망하고 부끄러워했지만 그건 철없는 유년시절의 한 부분이다. 나는 자신 있게 말하고 있다. 세상에서 제일 존경하는 인물은 아버지다. 가난한 농민의 딸은 여느 부농의 딸보다 더 행복했노라고. 부모님들의 화수분 같은 사랑은 가난이 부끄러움이 아니었기 때문이다.

서른이 된 내 딸은 큰외할머니를 이렇게 기억하고 있다.

"엄마! 우리가 어릴 때 외갓집에 놀러가서 장난을 치고 나면 뒷수습을 큰외할머니가 다 해주시더라. 작은외할머니는 우리들 보고 야단만 치시는데, 큰외할머니는 괜찮다, 괜찮다 다치지 않으면 됐다고 하시면서 한 번도 나무라시는 걸 보지 못한 것 같아. 그런 것 보면 엄마는 작은외할머니를 너무 많이 닮아서 자상한 거와는 거리가 멀다."

묻지도 않은 것까지 친절하게 말해주는 딸내미에게 변명을 할 수가 없다.

'어이해 참새가 봉황의 뜻을 알겠냐'고 자위를 하면서. 그래. 단아하고 지적인 안상순 여사보다 무식해서 용감한 안필도 여사를 더 많이 닮았다. 보태준 것 있나.'

두루춘풍한 어머니를 많이 닮고 싶었지만, 강새암이 많고, 오지랖 넓은 유전인자는 부정할 수가 없는가 보다. 그래서 어머니 꽃상여에 머리를 묻고 울면서 간절히 염했다.

"어머이! 다음 세상에는 어머이 배 아파서 낳아 주소."

아버지를 보내고는 참으로 절망을 하고 방황을 일삼았지만, 어머니는 생각보다 마음이 편하게 가라앉았다. 아마도 그것마저도 어머니 마음이지 않았나 싶다. 당신으로 인한 손톱만 한 상처도 허락하지 않은 내 어머니 자식사랑이었을 것이다.

"야야! 단디해서 살다 보모 꼭 좋은 날이 올 낀께 실망하지 말거래이. 오늘이 다가 아인기라."

만인의 만수받이 안상순 여사는, 봄볕이 잘 드는 무덤가에서 흐르는 강물을 굽어보며 그녀의 술 권하는 친구들과 회치(놀이)를 하겠다.

'다시 한 번 그 얼굴이 보고 싶어라~.'

그들이 떠난 들판에 허새비(허수아비) 하나 서서

엄마는 평생 동안 살면서 입원을 한 적이 거의 없었다. 근데 몇 년 전에 느닷없이 찾아온 실신 증상으로 인해 입원을 반복했다. 쪽 찐 머리가 병원생활에는 아주 거추장스러워 단발을 권했지만 한사코 거부를 하는 엄마께 그랬다.

"담에 비녀랑 달비(자른 머리)와 같이 관에 너 주낀께 걱정하지 말고 짤라삐자, 이기이 뭣이라꼬 그라요."

나도 겉으로는 말을 그렇게 했지만 엄마께 그 머리카락 한 올 한 올이 어떤 의미였는지 모르는 바는 아니었다.

삼단같이 긴 머리카락을 늘어지게 땋아서 붉은 댕기를 드린 처녀 적도 있었을 테고, 꽃가마 타고 시집 갈 때는 옥비녀로 쪽을 쪘을 것이고, 첫날밤에 귀밑머리 풀고 백년해로를 언약한 새댁 시절에는 머리카락도 까마귀 빛이었을 것이다.

창포물에 머리를 감고 동백기름으로 반들반들 윤을 낸 쪽 찐 머리, 사랑도 다 못 때우고 귀밑머리 푼 이녁을 떠나보내고 개가를 했지만 아버지를 가슴에 품지 못한 여인, 내 엄마. 마음은 거기서 일부종사를 하고 몸은 여기서 뱀허물 벗듯이 살아온 세월 동안 같이 한 신체의 일부를 한순간에 잘라내야 하는 그 허무함을 나도 모르지 않았다.

아주 오래전에 엄마랑 백화점에 갔었는데 외국인이 사진을 찍으면서 엄지손가락을 세우고, 굿! 을 연발했다. 엄마 쪽 찐 머리가 신기하다고 내 맘대로 통역을 했더니,

"별기 다 신기하다. 나는 코재이(서양인) 니가 더 희한하게 생겼구마, 얄궂어라!"

안필도 여사 식의 서양인 비하 발언을 남발했던 적이 있다. 하긴 요즘에는 어르신들도 간편한 헤어스타일을 고집하고 위생적이어서 거의가 쪽을 찌지 않고 계신다. 이제는 박물관에 가야만이 쪽 찐 머리를 구경할 수가 있는 세상이 되어버렸지만.

세상 어머니들께 비녀의 의미는 무엇이었을까? 나는 절개였다고 생각한다. 일부종사를 할 수 있었던 원천적인 머리카락 한 올도 바람에 허락 않았던 것도 이 비녀였을 것이며, 선택된 유일의 남자 앞에서만 뽑을 수 있었던 비녀야말로 어머니들 에로틱한 사랑이지 않았을까 생각한다.

나무와 물동이를 이고 머리 밑이 빠지도록 아파도 참았다가 내려놓은 다음에는 제일 먼저 머리 손질부터 한다. 정갈하게 머리 매무새를 다듬은 엄마 기억을 떨쳐낼 수가 없다. 빗살이 촘촘한 참

빗이 엉성해지고, 살대가 부러져서 그 기능을 상실할 때까지 마르고 닳도록 빗은 머리카락도 이제 더는 없다. 세월은 청춘을 데려가고, 청춘은 세월 속에서 자맥질하다가 사위어 가는 물거품이 아니던가.

엄마는 지금까지 삶을 이렇게 반추했다.

"참말로 징그럽게 고상을 했제. 그때는 거게 당연한 기라 생각했고, 다들 그리 사는 긴 줄 알았는 기라. 그래도 살아낼 수 있었던 거는 자슥들, 너것들이 있었고 그때는 젊었은께 가능했던 기다. 또 그리 살라하모 나는 몬 살것다."

그래서 얻은 노후의 행복에 감사하던 엄마를 보면서 생각했다. 엄마를 보내고 나서 후회하지 않도록 최선을 다해야겠다고. 그렇지만 고작 할 수 있었던 것이 병원 · 목욕탕 · 외식 · 옷 사드린 정도다. 정작 엄마를 위한 것은 뭐였을까?

지적장애를 가졌던 연로한 할머니가 계셨다. 전처 자식들과 영감님을 수발하고 살다가 자식들은 장성해서 각기 살 길을 따라 떠났고, 영감님도 치매로 별세를 하고 혼자 지냈다. 근데 거구인 신체적인 특성상 왕성한 식욕을 주체할 수가 없었던지라 동네 사람들 음식물 잔반 처리를 도맡았다. 집안에는 쓰레기 잡동사니들을 끌어 모아 악취가 담을 넘었다. 말끝마다 육두문자를 남발했고, 흡사 놀부 심술보가 환생한 착각을 하게 했다. 무엇보다도 혼자서 건강관리가 되지 않아 당뇨와 고혈압 지병을 방치한 터라 조치가 불가피해서 기관을 통해서 입소를 한 할머니였다.

보호자 연락처로 전화를 했다가 나는 얼마나 실망을 했는지 모른다. 그래도 한때는 아버지를 수발들었던 여인인데, 어머니는커녕 아예 외면을 하려 했다. 절대 이런 전화 받고 싶지 않다는 강한 메시지에 설득의 말문을 닫아버렸다. 그렇다. 이해를 못하는 것은 아니었다. 나 역시도 엄마가 일부종사를 하지 못했다고 원망했으며, 아들을 보기 위한 어머니 집념에 내가 희생양인 양 사무치게 싫어했던 적이 있었기에 충분히 안다. 하긴 외면을 한다고 해서 하등의 따질 이유가 없었던 것은 법적으로는 순전히 남이었다. 지적장애를 가진 사람을 자신들 호적에 아내로, 어머니로 입적을 시키기엔 고려가 되었을 것이다. 할머니는 그 자식들과 영감님을 너무 그리워했다. 심지어는 손녀의 이름을 말하면서 누구 할머니로 불러달라는 주문을 했다.

"나는 여기서 안 죽을란다. 우리 영감 묏등에 가서 죽으끼다. 와 내가 여서 고려장을 당하끼든고."

이건 또 무슨 시추에이션? 영감님은 폭언과 폭력을 일삼아서 징그럽다고 했으면서, 거기서 죽어야 한다고 고집하는 OO 할머니 못 말리는 일편단심에 내가 염장을 지른 발언을 했다.

"OO 할머니! 거기는 OO 친할머니가 영감님하고 나란히 누웠는데 어찌 갑니까? 그러지 말고 지금이라도 남자친구 소개해줄 테니까 사이좋게 지내세요."

"싫어요! 나는 영감한테 죽어끼라요."

평생 문맹으로 살아서 한글을 배워보자는 내 제의에 순순히 응했는데 글자를 익히기에는 갈 길이 멀었다. 그저 연필을 쥐고 기러기 날아가는 자신만의 글자 세계에 빠져서 나는 그 뜻을 해독하지 못했지만 마음은 알 것 같았다. 그 후에 종양이 발견되어 어떻게 조치가 취해졌는지는 모르겠다.

나는 사랑했던 아버지 · 어머니를 떠나보내고 난 후에 언제가 될지 모르는 엄마 마지막을 위해서 어떻게 해 드려야 할까 고민만 하다가 엄마마저 보냈다. 깊게 몰려오는 회한 때문에 아픔의 시간을 견뎌야 했던 적이 있었다.

엄마 삶을 한마디로 정의하기는 어렵지만, 내 가슴에는 이렇게 화석으로 굳어져 버렸다. 슬픔을 탁마한 세월의 지층에 엄마 삶의 궤적이 웅숭깊었다고.

가을걷이가 끝난 들판에 혼자 선 허수아비가 엄마를 닮았다. 한때는 튼실한 알곡을 참새로부터 지키기 위해, 밀짚모자에 뙤약볕을 온몸으로 받아낸 허수아비의 절정이 있다면, 엄마 역시 뙤약볕 삶에서 자식을 위한 절정이 있었으니까.

나는 허수아비를 내 삶의 황금들판에 다시 일으켜 세워본다. 영원히 쓰러지지 않는 오뚝이로.

그들 부부 무덤가에 소지 한 장 사르고

내 기억으로는 아버지와 어머니가 나란히 외출을 한 적이 거의 없는 것 같다. 그만큼 어머니는 철저하게 아버지를 자신의 세계에서 의식적으로 밀어내지 않았을까 싶다가도, 또 한편으로 저 심연에는 아버지만이 전부였던 사랑을 알 수가 있다. 아버지 무덤가에서 절을 하면서 울던 모습은 너무나 열녀 그 자체였다. 당신 스스로 생과부를 자처하고 청춘을 사위어야 했던 삶 동안 오롯이 위안이었던 것은 우리 남매들이었다. 나는 어머니께 썩 잘하지 못했지만 두 언니들은 효심이 지극했으며, 특히 이복언니와도 아주 우애가 돈독했다.

어머니 돌아가시고 수의를 입히기 전에 딸들은 쑥물로 몸을 씻어내고 정갈하게 아버지를 맞을 수 있는 의식을 가졌다. 나만이 멀찍이서 바라보고 울기만 했다. 쉽게 어머니를 만질 수 없었던 것은 무서워서가 아니라 여자로서 연민 때문이었다.

여자를 깡그리 무시하고 살면서 가슴으로 낳은 모성애만이 당신 삶의 전부로 살았던 내 어머니 딸이었음을 너무 감사를 한다. 그래서 마음만이라도 사후에는 아버지와 못다 한 사랑을 굽이굽이 펼치길 바라는 내 간절한 기도가 승화되리라 믿는다.

내가 어렸을 때는 여름에 소꼴을 먹이러 산에 매일같이 갔다. 소가 풀을 뜯어 먹는 시간에 우리들 산봉우리 요새에는 각종 놀이가 즐비했다. 여자 아이들은 땅따먹기, 땅에 그림을 그려놓고 패짜기(비석치기), 깔래(공기놀이)를 하면서 땅거미가 질 때까지 놀았다. 특히 풀각시 놀이를 하면서 동무들과 희영수한 추억은 입가에 미소를 번지게 한다. 남자 아이들은 남의 밭에서 먹거리를 서리하다가 재미없으면 개구리나 뱀을 잡아 구워먹기도 했다. 뱀을 잡아서 목에 감거나 팔에 둘러서 여자 아이들이 노는 데 와서 쑥 내밀어 기겁을 시키고 재미있어 한 악동들도 있었다.

"움디 자슥 니 우리 오빠나 엉가한테 일러주끼다."

"가시나야! 글캐라(말해라) 하나도 겁 안 난다."

남자 아이들과 여자 아이들은 늘 이렇게 싸우면서 정이 들었다.

꽃을 좋아했던 나는 산도라지 꽃을 꺾어 놀면 동무들이 와서 주문 외우는 법을 알려주었다.

"꼭지야! 여다 깨미 넣고, 각시방에 불 밝혀라! 신랑 방에 불 밝혀라! 하모 호롱불이 써진다."

"각시방에 불 밝혀라!"

"신랑방에 불 밝혀라!"

호롱같이 생긴 산도라지 꽃에 아무리 주문을 외워도 청사초롱 불은 밝혀지지는 않았지만, 지금 생각하면 그 주문은 내 유년시절의 추억을 읊었던 것이며, 개미는 세월이지 않았나 싶다. 그때 범람했던 추억이 소중하게 아련히 부각되어 옴이 이제는 나도 늙어가고 있음이리라. 더 애잔한 것은 그때는 부모님께서 계셨다는 것이 행복했던 기억으로 남아 있다.

"옴마, 옴마 이리와 요것 보서요. 뺑아리 떼 뿅뿅뿅~ 미나리 파란 싹이 돋아났어요."

연세가 많으셨던 지적장애를 가진 할머니가 딱 그때만큼 기억으로 살고 계시면서 항상 불렀던 노래이다. 나도 옆에서 따라 부르면,

"거기 아인기라. 우찌 니는 알지도 모르고 부르노. 치아뻬라."

내 어릴 적 동무들 기억이 행복인 것처럼 이 할머니 역시 너무 행복한 모습으로 부르는 걸 봤다. 동상이몽이었지만 추억의 공감대 형성에 빠져서 우린 소리 높여 웃었다.

"각시방에 발 밝혀라, 신랑방에 불 밝혀라."

"옴마, 옴마 이리와 요것 보서요~."

몇 년 전에 딸이랑 같이 도라지꽃이 흐드러지게 핀 밭가에서 엄마 추억은 이랬노라고 얘기를 했더니,

"엄마! 옛날 사람들은 참 바보다. 뻔히 불이 안 켜질 줄 알면서 따라하는 사람이나, 시키는 사람들은 똑같다. 차라리 그 꽃으로 머리에 꽂아서 장식을 했다는 게 덜 창피하지 않나?"

"그래! 우리들은 바보라서 이렇게 하고 놀았다. 너희들 세대는 문명의 혜택으로 불편한 것 모르고 살고 있고, 공부만 잘하면 된다고 생각하지만 그래도 그게 전부는 아니다. 문화는 돌고 돌아서 언젠가 엄마 세대가 하고 놀았던 복고풍이 어느 세월쯤에는 공감할 때가 반드시 올 거다. 그러면 그때의 정서함양이 얼마나 인간적이었는지 꼭 알 거다."

"엄마! 아무리 그래봤자 도라지꽃에 개미 넣어서 주문을 외워도 우린 불이 안 켜진다는 사실을 이미 태어날 때부터 알아버린 세대라서 엄마가 말하는 공감할 때는 안 올 걸."

그러면서 덧붙인 말이 나를 더 자각하게 했다.

"엄마! 그거 알아? 엄마는 직업정신이 너무 투철해서 엄마랑 애기하면 꼭 조금은 지적장애를 앓고 있는 것 같다는 생각이 들어."

알고 있다. 그래서 친구들과 대화에서도 그렇고 나는 소외를 당하고 있다. 괜찮다. 가장 낮은 곳에서의 내가, 가장 내가 있을 곳이기 때문이다.

아버지께서는 불쌍한 사람들을 외면하지 못하고 작은 것 하나라도 나누는 것을 봤다. 행려자 시신을 수습해서 염하고 화장을 하시는 등 낮은 곳을 몸소 체험하신 것을 일찍부터 보고 자랐다. 동네에서는 '씨사이(웃긴다)'라고 하셨지만 나는 아버지를 이 세상 누구보다도 존경한다. 아버지 피의 대물림으로 인해 천직을 가질 수가 있었음에 너무 감사를 드린다.

아버지가 살아계셨던 지금의 봄에는 지게에 참꽃(진달래)과 개나리를 낫으로 베어서 봄을 전해 주셨다.

“아부지! 오데서 이리 예쁜 거를 베 왔십니꺼? 나도 동무들이랑 꺾으러 가야겠십니더.”

“안 된다. 거 가모 아들(아이들)은 홀키(잡아) 간다. 이거 시들모 또 베 올낀께.”

“안 됩니더. 좀 있으모 개꽃(철쭉꽃) 되모 안 예뿝니더.”

어릴 때는 너무 예쁜 꽃을 꺾어서 가까이 두어야만 진정 꽃을 사랑한다고 말할 수 있었다. 나는 꽃을 너무 사랑한 나머지 이 산 저 산 예쁜 꽃을 찾아 다녔다. 심마니가 산삼을 찾아 헤매듯이, 가파른 능선에도 굴하지 않고 다니다가 어둑해지면 집으로 갔다. 꽃을 한 아름 안고 들어가면 우리 안필도 여사 식 지청구를 피해갈 수가 없었다.

“커서 무당 되낀가, 꽃 저기 뭣이 좋다꼬 밥때도 모리고 댕기노. 쎄(혀)가 빠지 고상해서 베신(운동화) 사서 신캈더마 산에 가서 떨자 삐라꼬 사준 줄 아나.”

옆에서 지적인 어머니께서는,

“아한테 무당이 뭣이고. 아들이 저라고 말지. 꼭지야! 배고푸다, 밥 무라, 담에는 어서 속키(빨리) 댕기라.”

친구들은 참꽃을 따서 먹는 재미로 산에 간다면, 나는 꽃을 꺾어서 집에 가져오는 재미로 산에 갔다. 이 차이점을 보아하니 난 꽃을 사랑한 게 아니며 또한 꽃들에게 나는 원수였을 것이다. 그래도 할 말은 있다.

"꽃들이여 원수를 사랑하라!"

꽃들이 사랑한 그 원수는 오늘도 망울을 맺은 배꽃 한 가지를 남의 담장에 도둑질해서 꺾어다가 그의 넋을 위로하고 있다. 이 망중한을 화들짝 깨우는 딸의 소리가 귓전에 들리는 것 같다.

"엄마! 그 꽃 머리에 꽂고 길거리에는 절대 나가지 마!"

내 아버지 · 어머니 무덤가에도 이 봄이 완연해서 피는 꽃들을 굽어보고 계실 것이다. 이제는 내가 당신들 신방에 청사초롱을 밝히기 위해 도라지꽃을 파종해야겠다. 흰색, 보라색 도라지꽃이 무덤가로 에워쌀 무렵이면 나는 깨끗한 소지에 칡넝쿨처럼 얽힌 인연들을 싸서 훨훨 사를 것이다.

"각시방에 불 밝혀라!"

"신랑방에 불 밝혀라!"

저 아부지! 장에 가입시더!

옛날에 아버지가 입었던 옷은 애벌빨래가 마무리가 아니었다. 여름에는 삼베와 모시옷 손질은 어머니들 일거리가 충분히 되었다. 빨래를 해서 풀을 먹이고, 다듬이질을 하고 풀이 잘 먹기 위해 골고루 밟아야 했다. 이른 아침이슬을 맞혀서 숯불에 다림질까지 과정은 결코 쉽지가 않았다. 다듬이질이 끝난 후에도 골고루 밟아야 하는데, 그때 어머니는 나를 업어서 아버지 모시 두루마기에 당신 사랑으로 푸새를 했다. 엄마는 옷 손질을 할 때마다 불만의 추임새를 한껏 높였다.

“이니리 서답(빨래) 몸서리난다. 온제나 안 할 끼든고.”

말은 그렇게 하면서도 우리 가족들의 깨끗한 입성은 엄마 부지런함 때문이었다.

복더위가 기승을 부리던 날에 노인시설에 입사를 했다. 거기에 모시 한복을 입고 살랑살랑 부채질을 하고 계신 풍채가 좋은 할아버지 계셨다. 나는 할머니가 참 부지런하신가 보다 하고 감탄을 했는데, 나중에 알고 보니 홀로 아리랑을 부르면서 여생을 보내고 계셨다. 어느 날에는 옷 손질을 어떻게 하시냐고 여쭈었더니,

"요즘은 세상이 좋아서 세탁소에 갖다 주니까 알아서 해 줍디다."

시대의 트렌드에 맞추어 사시는구나 하는 생각을 했었다.

준수한 외모는 아버지를 연상하게 했고, 혼자된 할머니들의 뭇 시선을 받기에 충분한 한량의 기질을 가지고 계셨다. 특히 지적장애를 가진 여인의 사랑을 넘치게 받고 있었다. 짝사랑을.

"저 할부지는 내 낀께는 손 대모 죽는다."

이 얼마나 서슬 퍼런 협박이며, 집착인가! 심지어는 일 때문에 그 할아버지와 대화를 하고 있는 나에게도 불화살을 쏘아대고 있어서 뒷덜미가 서늘할 때가 있었다.

요양원 주위에는 산책로가 잘되어 있어서 나는 어르신들과 대화를 하면서 많은 것을 배웠다. 특히 앞으로 살아갈 날에 대한 희망을 선사 받아서 너무나 감사했다. 또 거기서 세상의 잣대로는 성공하신 분을 모실 수 있는 영광을 누리기도 했다. 비록 몸도 마음도 이미 나를 망각한 채였지만.

백 명이 넘는 방대한 숫자에서 사연도 가지가지, 증상도 다양했다. 좀 오래되신 분들이라 성함 외우기에 애를 먹었지만 거기서의 근무는 내 노후를 앞당겨 보는 것 같았다. 그러면서 내가 노년기를 맞았을 때 주체할 수 없는 시간에 무엇을 해야겠다는 계획까지(물

론 정신적, 신체적 건강이 허락이 된다는 가정 하에) 세우기도 했다. 근데 거기서 당신 스스로도 불편하면서 남을 배려하고, 나는 봉사라고 말했지만 당사자는 한사코 거부했다.

"봉사가 나는 뭔지 모르요. 그저 내가 할 수 있고 내가 하고 싶으니까 하는 기이 우찌 봉사겠능교. 하루 세 끼 밥 묵고 사는 기랑 똑같은데 봉사라 쿠모 가당치 않소."

할머니께서 알고 계시는 봉사는, 돈으로 돕고 TV에 나와서 거창한 인터뷰가 봉사인 줄로 알고 계셨다.

막상 사회복지현장에서 일하고 있다는 자부심만 가지고 실천은 하지 않았나? 하는 반성과 함께 진정한 봉사의 의미를 되새기기도 했다. 내 노후 일과표에 봉사의 작은 칸을 하나 지르게 한 스승님과 소중한 만남은 아직도 가슴이 뜨거워온다. 지금 생각하면 그들이야말로 진정한 우리 부모님들이었으며, 오늘을 살아가는 우리들의 진정한 스토리텔링이었음에 고개 숙여 감사를 드린다.

아버지는 남들이 많이 모이는 회치에 참석하시는 걸 별로 탐탁치 않으셨다. 아주 어렸을 때로 기억을 한다. 동네 어르신들이 서울로 관광을 가셨다. 두 어머니와 아버지가 동행한 처음이자 마지막 외출이 아니었을까 짐작을 한다. 모 백화점을 경상도 어르신들께서 접수를 하시고 보무도 당당하게 종횡무진 누볐을 것을 상상하면 생코미디 현장을 방불케 했을 것 같다.

"옷 파는 데 가서 우리 가시나(딸)한테 입히모 딱 맞겠다 싶어서 좀 깎아 조라 쿤께, 새초롬하게(깍쟁이) 생긴 가시나(백화점 매장의 직원)가 서울말로 안 된다꼬 지랄하는 기라. 그래서, 야 이니리 가시나야! 니는 니 에미, 애비도 없나! 하고 멀캤다(꾸중) 아이가."

평소에 육두문자를 본토발음 구사하듯이 하는 초전댁의 백화점 유람기를 어머니와 나누고 있었다.

"하, 나도 우리 숙이(큰언니)한테 어울리는 옷이 있어서 사 줄라꼬 줌치(어머니들의 전대)를 내서 조라쿤께, 16만 원이나 한다 쿠는 기라. 뒤로 해장장(깜짝 놀랐다)을 팼다 아이가. 거가 오덴데 그리 비싸더노."

40년 전후의 그 가격은 시골 어머니들께는 딸 옷값으로 투자하기에는 천문학적인 숫자였을 것이다. 고작해야 진주 시내에 가서 사 입히는 것도 파격적인 시대였다.

아버지께서는 역시 라디오를 열심히 경청하신 안목으로 서울 경제성장을 눈으로 보고 오시고 감탄을 하셨다.

"북한 사램들(북한 적십자단)이 서울에 왔을 때, 차가 하도 많은께, '오데서 갖다 놓은 기라' 캐서, 우리나라 사램(남한 적십자단)이 글캤다쿠데. '차는 바퀴가 있어서 굴리 오모 되는데, 건물은 무거바서 갖기 오기 식겁 묵었다 '한께 아아들(북적십자단)이 말을 몬하더라 쿠데."

그런 일화를 학교에서 들은 것 같기도 한데, 분단의 아픔에 기여한 신빙성이 있는 일화인지를 정확히는 모르겠다. 아버지 서울 유람기는 동경과도 비교를 하시면서, 여인네들 시각과는 확연히 다르셨다.

"옴마! 서울까지 가서 내 꺼는 뭐 사왔는데?"

"서울에는 엄청시리 비싸서 아무것도 몬 사왔다. 후제 장에 가모 사 주낀께 기다리거라."

고집불통인 나는 통할 리가 없었다. 퍼질러 앉아서 하도 울고 있으니까,

"저 오래비한테 기별 좀 해서 멀캐라."

나는 못 이기는 척하고,

"그라모 온제 장에 가끼고?" 하고 소리를 팩 지르고 흙을 털고 일어났다.

요즘은 우리들도 자주 세상 속으로 나가서 시선을 익히고 있어서, 이제는 장애가 관심거리가 되지 않는다. 단지 행동과 생김새가 남들과 좀 다르다고 해서 동정을 받거나 호기심을 자극하지 않는다. 그러기에는 요즘 사람들은 자기 볼 일에 너무 바쁘고 관심이 없기 때문이다.

백화점에도 가고, 유명한 음식점에도 가서 당당히 자기의사 결정권을 행사하면서 살고 있다. 해외여행도 시도하고 있고, 국내 관광명승지는 말할 나위도 없다.

"선생님! ○○○콘서트 보러 가요, 누구누구랑 결혼하고 싶어요."

"돈 많고 잘생긴 남자 있으면 날마다 안고 자고 싶어요."

"나도 그러고 싶어요, 어디 한 번 찾아봅시다."

그래서 우리는 날마다 백마 탄 왕자를 기다리고 있다.

두 여인네가 정성스레 푸새한 두루마기를 차려 입고, 중절모를 갖춰 쓰신 아버지는 먼지 나는 신작로를 앞장선다. 쪽 찐 머리에 동백기름을 곱게 빗어 넘기고 한복을 입은 여인은 누가 봐도 일부 종사를 하고 있는 여인으로 보인다.

당신이 만들어준 가족들을 장에 보낸 어머니는 가마솥 솔가리 불씨를 화로에 담아서 담뱃대에 불을 붙이면, 어김없이 큰집 박복녀 올케가 위안이 되는 상담을 요청하고 있을 것이다.

"옴마! 올 장에 깜장 고무신 말고, 빨간 구두 사조라."

초가지붕에 주렁주렁 매달린 고드름이 햇볕을 받아 빛나고 있었다.

| 별책부록 |

그녀, 섬 기행

그녀는 내 몸을 줄기차게 탐색하고 있다. 모성애적인 욕구인지, 동성애적인 욕구인지를 파악하기 위해 몸을 맡겨본다. 아니 그녀가 내 몸을 통해서 하고 싶은 말을 듣기 위함이다. 여름의 얇은 티셔츠 속에 손가락이 자맥질을 하고 있다. 마치 개미가 스멀거리는 것 같다. 겨드랑이 사이로 간지럼을 태울 때는 왈칵 뿌리치고도 싶다. 하지만 나는 그녀의 행동을 궁싯거리거나 궤란쩍다 않고 기꺼이 그녀의 만수받이가 되어준다. 그녀가 지금 두루춘풍한 나의 마음을 알아주길 바랄 뿐이다. 이럴 땐 어떤 반응을 보여야 마음을 열고 소리를 들려줄까? 담수호 같은 맑은 눈을 가졌고, 보기만 해도 풍덩 빠질 것 같은 착각을 하는 그녀는 스무 살의 발달장애인이다.

포항에서 울릉도로 가는 배를 탔다. 3시간의 여정은 그녀에게 많은 인내심을 요구하고, 주변의 시선이 집중되지 않도록 관심사를 유도해야만 된다. 자칫 심사가 뒤틀리기라도 하면 큰일이다.

우람한 체격의 소유자가 대자로 누워서, 목젖이 보일 정도의 고래 같은 고함은 기본이기 때문이다. 만약에 그리 되면 이 배는 아수라장이 된다. 불길한 생각이 현실이 되지 않도록 간절함을 담아본다. 배는 내 심장의 방망이질은 아랑곳하지 않고 망망대해를 순탄하게 항해하고 있다. 파도소리마저 숨죽인 고요한 밤하늘에 별들의 반짝임은 그녀의 초롱초롱한 눈망울과 흡사하다. 잠시 눈을 지그시 감고 그녀와의 첫 만남을 떠올려본다.

그녀 열두 살, 나의 장애인 시설 들머리에 입소했다. 예쁘게 땋은 양 갈래 머리, 뽀얀 피부는 투명하리만치 우윳빛이었다. 선뜻 다가가 손이라도 잡아 보고 싶었지만, 낯가림으로 행여 마음을 여는데 더딜까봐 지켜볼 수밖에 없었다.

도시에서 살았던 그녀는 시골 정서에 흠뻑 취해 원내의 동식물과 금방 친화력을 발휘했다. 닭장 문을 열어 닭들에게 자유를 주고는, 스스로 닭장에 갇혀 닭의 날갯짓을 흉내 냈다. 또 어미닭이 품은 달걀까지 깬 덕분에 한동안 유정란 구경하기가 힘든 적도 있었다. 텃밭에서 잡은 방아깨비로 굴곡진 자신의 삶을 닮은 방아질을 시켰고, 심심하면 고추와 토마토를 손으로 휩쓸어버리는 수난을 제공한 귀여운 악동이었다. 그녀에게 자연은 장르를 아우르는 '앤 설리번' 선생이었다.

인근 초등학교 4학년 도움반에서 공부를 시작하여 중 · 고등학교를 졸업했다. 중간에 여자의 관문에 든, 초경에는 케이크로 자축을 했다. 근데 사춘기는 처절하리만치 혹독하게 보냈다. 기물파

손 · 자해 · 폭력행사 등 다양한 양상을 보일 때마다 뒤처리 수습의 절차가 귀찮았다. 돌이켜보면 그녀 삶에서 묻어 나온 희로애락에 귀를 기울이지 못했다. '장애인'의 특성에만 잣대를 맞춘 직장인에 불과한 나를 반성하고 싶다. 기꺼이 그녀를 위한 진정한 '앤 설리번' 선생이 되지 못한 자책이 뱃머리에 부서지는 파도마냥 아스라이 다가왔다가 멀어져 간다.

지금은 그녀에게 맞는 대학교를 물색하기 위해 잠시 휴식기를 가지면서, 울릉도와 독도의 '섬 기행'에 동행하고 있다.

연신 내 손을 잡았다가, 곧바로 패대기를 쳤다가, 입을 맞추는 반전을 일삼고 있다. 간헐적으로 내는 특유의 소리, "음~음"은 주변의 이목을 끌지 못해서 참으로 다행이다. 밤배는 그렇게 등대의 불빛에 유혹되어 울릉도 저동항에 우리를 내려 주고 있다. 마치 하나의 임무를 무사히 완성한 뿌듯한 경외감마저 일게 한다.

그녀와 나도 처음 밟아 보는 울릉도는 마치 이국적인 분위기다. 육지와 다르게 가로수가 남국의 열대식물처럼 잎이 넓다. 마가목의 탱글탱글한 열매는 그녀가 구사하는 몇 마디의 보석 같은 언어를 닮았다. 길은 가팔라 버스는 놀이기구를 타는 것 마냥 요동을 심하게 친다. 손잡이에 안간힘을 쓰게 한다. 그럼에도 그녀의 눈빛은 안정되어 우리의 섬 기행이 순풍에 돛이 달릴 것 같은 예감이 든다.

2박 3일 여정에서 둘째 날은 울릉도 관광이다. 사파리 투어가 연상되리만큼 동물의 형상이 고스란히 바위에 녹아 있다. 코끼리 · 사자 · 거북, 심지어는 닭의 살찐 뒷다리 속으로 도로가 관통하고 있다. 동물 모양의 형상으로 다듬어지기까지 파도는 바위를 얼마나 할퀴고 때렸을까?

늦더위가 절정을 이루었지만, 울릉도의 매력에 빠지고 나는 그녀와 오붓한 여행에 미美쳤다. 바닷물 색깔 또한 맑고 짙어서 어느 글귀 마냥, 파란 잉크를 풀어놓은 것 같다.

토속적인 음식을 싫어하는 그녀는 울릉도의 맛있는 나물, 명이 · 부지깽이 · 고사리 반찬을 한사코 거부한다. 지천명인 내 입맛과 그녀 입맛이 심하게 세대 차이를 실감하게 한다. 그래도 귀한 맛이라 권해 봤는데, 예상했던 대로 마지못해 입안에 넣고는 씹지도 않고 삼켜버린다. 여행의 백미인 먹을거리를 충분히 제공하지 못해서 미안하지만, 그녀는 지금 건강하고 예쁜 숙녀로 살기 위해 다이어트가 요해지는 수준에 있다.

숙소인 리조트 베란다에서 내려다뵈는 달 밝은 밤바다 풍경은 천국을 옮겨놓은 것 같다. 여기가 천국이라면 그녀는 나와 애써 여행을 하지 않아도 되고, 굳이 가족을 떠나 살지 않아도 되련마는. 그녀는 무장애 천국의 바닷속에서 유유히 헤엄을 치고, 나는 '헬렌 켈러'와 '앤 설리번' 선생을 몰라도 좋았을 텐데.

첫날밤에는 여독으로 지쳤지만, 둘째 밤에는 갖가지 상념이 난무해서 울릉도의 잠 못 이루는 밤이다.

독도 가는 날! 일정에 맞추기 위해 곤히 자고 있는 그녀를 새벽부터 깨운다. 부족한 잠이건만 순순히 응하는 그녀가 예쁘다. 때

이른 아침을 먹고, 태극기를 준비해서 독도에 가는 배를 탔다. 여름방학과 휴가의 끝자락에서 인파가 몰렸다. 울릉도에서 1시간 30분쯤 소요됐다. 날씨가 화창하고, 파도가 높지 않아 독도 접안을 무사히 했다.

괭이갈매기, 슴새, 박주가리꽃, 곰딸기, 섬장대, 파랑동, 개갓냉이, 겟메꽃, 괭이밥, 날개하늘나리, 마디풀, 왕해국, 큰개미자리, 가막베도라치, 개미숭달팽이, 끄덕새우, 보라성게, 일곱줄얼개비늘, 청큰뱀고동……. 순우리말은 독도에 다 모인 것 같다.

독도는 아무나 쉽게 허락하지 않는 섬, 우리의 아픈 손가락 같은 섬에 생인손을 앓는 그녀와 섰다. 태극기 물결 속에 기적의 회오리가 일기를 간절히 바라본다. 그녀 머릿속의 회로들이 가지런해져서 말문이 트인다. '아주머니 누구세요? 저랑 여기에 왜 왔어요? 나 집에 가고 싶어요……!'

독도와의 만남에서 오는 명흔 반응을 애써 누르고 그녀 손을 잡았다. '여기가 독도야! 우리가 독도에 왔어!'라고 외쳐서 한바탕 질펀하게 눈물을 쏟고 싶다. 독도는 나에게, 그간 그녀를 향했던 나의 가슴앓이를 내려놓으라 한다. 다만 지금 잡은 그녀 손을 놓지 말라 한다. 나는 독도에게, 이런 마음을 품게 해줘서 눈물겹게 고맙고, 그녀를 나에게 보내줘서 감사하다고 연신 고개를 조아린다. 나의 복지 날머리까지 그녀와 동행할 수 있도록 기도해본다. 감사의 답례로, 독도 너의 풀 한 포기조차도 넘보지 않도록 우리가 지킬 것이라는 비장한 각오를 한다.

독도는 그녀에게 등을 토닥인다. 그녀 마음속으로 들어가 뜨거운 돌을새김을 한다.

너도 나처럼 살아!

신新관동팔경 기행문

우리가 살고 있는 경남 H군에서 관동팔경의 첫 관문인, 경북 울진군 근남면 망양정을 가기 위해 중부내륙 고속도로를 나와서, 구절양장 같은 고불고불한 산길을 2시간 넘게 갔다. 사람의 자취는 보이지 않는데, 논과 밭에는 농작물이 몸피를 불리기 위해 한껏 봄 햇살을 들이마시고 있다. 산에는 신생의 연둣빛이 떠난 자리에 초록이 짙어가고, 모롱이마다에 아카시아 꽃이 곰비임비 피어나고 있다. 길은 우리를 편견하지 않고 그렇게 맞아 주고 있다. 세상의 길에서 상처받은 흔적을 내려놓으란 듯이.

불행인지 다행인지는 모르겠지만 중증장애인 시설에 오누이(해와 달)가 거주하고 있다. 해는 달리기와 줄넘기를 실컷 해 보는 꿈을 가지고 있다. 빨간색 속옷을 입고 싶고, 바다가 보이는 카페에서 커피를 마시고 싶고, 흥에 겨우면 상체의 춤사위는 K-POP 댄스가 무색할 정도다. 그래서 해는 에로틱한 불혹의 로맨티스트이다. 비록 몸은 휠체어에 의지하고 있지만, 자유로운 영혼은 타의 추종을 불허한다. 해의 내면을 읽지 못하는 사람은, 의식세계가 명료하지 않고 뇌병변 장애를 가진 장애인에 불과하겠지만, 순수의 이성은 햇볕에 반사될 정도로 투명하다. 해는 지금, 직립보행이 불가능하고, 몸은 불수의근으로 떨리고 이마저도 진행성이며, 용변은 기저귀를 착용하여 전반적인 케어를 요한다. 다섯 살이 많은 달과 생활공간이 달라서 오누이의 우애가 자유롭지 못하다. 달은 거동은 가능하지만 해의 휠체어를 밀어주는 직접적인 도움은 주지 못하며, 식사를 마치거나, 프로그램이 같으면 가까이 다가와서 손을 잡는 정도다.

오월 가정의 달을 맞이하여 해와 달의 우애를 위해 '오누이 여행'을 계획했으며, 장소는 평소 해의 특성을 고려(知적인)하고, 바다를 좋아하는 오누이의 공통적인 의견을 수렴해서 결정했다. '관동팔경' 역사 속의 문학 현장에서 자신의 삶을 적극적으로 피력하고, 충만한 감수성에 활활 불을 지피고 싶은 취지를 더하고 싶었다.

해와 달의 관동팔경 유람을 위해서는 TF팀을 꾸려야 했다. 1박 2일의 짧은 여행이지만 장거리 운전이라, 남직원 2명, 여직원 2명이 동행 했다. 주인공 2명에 들러리, 4명을 확보하기 위해 2명은 휴무를 자진반납하고 기어이 가파른 길에 휠체어를 미는 수고를 아끼지 않았다.

울진군 근남면 망양정을 첫 코스로 하고, 평해의 월송정은 마지막으로 아껴 둔다. 사전 답사는 하지 않았지만, 초록색 창은 우리에게 길라잡이가 되어 준다.

> 망양정에서 동해를 봄
>
> 하늘 끝을 끝내 보지 못해 망양정에 오른 말이, 바다 밖은 하늘이니 하늘 밖은 무엇 인고, 가득 노한 고래 누가 놀래기에, 불거니 뿜거니 어지러이 구는 지고, 은산을 꺾어내어 천지사방에 내리는 듯, 오월 장천에 백설은 무슨 일인고.
>
> – 정철의 〈관동별곡〉 중에서

휠체어로 망향정을 오르기에는 순조롭지 않다. 주차장에서 가파른 경사를 오르고, 산속의 대나무 오솔길을 지나는데, 돌계단이 아득해서 도저히 무리다. 달만 망양정에 올랐다.

망양정은 정면 3칸, 측면 2칸의 겹처마 팔작지붕 구조의 정자다. 고려시대에 경상북도 울진군 기성면 망양리(실질적으로 송강 정철1536~1593은 현재, 망양정 옛터인 여기에 왔음이 추측됨.) 해안가에 세워졌으나 허물어져서 중수하고 방치하다가를 반복했으며, 1858년(철종9)에 울진 현령이 지금의 장소에 이축했다. 이후에 역사적인 일제강점기, 광복의 격변기를 거치면서 중건하고 퇴락을 반복했다. 2005년에 지금의 모습으로 재탄생되었음을 설명하고 있다.

정자의 처마에 섬세하게 조각된 문양에 화려한 단청은 관동별곡의 유려한 글과 부조화 속의 조화로 읽어진다. 우리는 정철처럼 선계仙界는 모르지만, 아득한 수평선을 보면서 삶의 궤적을 떠올려보기도 하고 머릿속에 한 줄 스치는 시인이 되기에는 충분하다.

경북 울진과, 강원도 삼척의 경계를 직접 넘으니까 새롭다. 실로 오래전의 수학여행을 떠올리며 7번 국도를 따라 우리는 동해의 뜨거운 심장의 괄호를 열어본다. 남매는 지친 기색 없이 순풍에 돛단 듯 순항을 하고, 우리 들러리 꾼들은 덩달아 여행을 만끽한다. 정동진의 바다열차를 구경하고, 모래시계 바늘이 노을 가까이를 가리킬 즈음에 죽서루로 향한다.

죽서루의 주변 경관은 올망졸망하다. 특히 '용문바위', 신라 제30대 문무왕文武王이 사후 호국용이 되어 동해바다를 지키다가 어느 날 오십 천으로 뛰어들어 죽서루 벼랑을 아름답게 만들어 놓았다고 한다. 선사 암각화, '성혈'이 선사시대 민간신앙의, 풍요 · 생산 · 다산의 쓰임새로 읽을 수 있다.

죽서루를 오를 때는 급경사는 아니지만, 휠체어의 복병은 여전하다. 흙길 속에 울퉁불퉁 튀어나온 돌멩이가 갈 길을 막아서, 해는 밑에서 위로 보는 것으로 만족하고, 달은 정자에서 단골 포즈인 V자로 기념사진을 찍고, 발자취를 남긴다.

규칙적인 식사가 몸에 배인 우리들은 죽서루 앞에서 이른 저녁을 먹고, 해가 뉘엿뉘엿할 때에 강릉경포대로 향한다. 경남 H군에서만 살다가 강원도에 발을 내디디니까, 마치 이방인처럼 느껴

진다. 관광지의 주차장에는 장애인을 잘 배려했지만, 휠체어로 오를 수 없는 계단은 아직은 갈 길이 멀어 보인다. 마치 현시대의 장애인 정책과도 같이.

오누이와의 대화는 단답형이다.

"배고파요?" "네."

"좋아요?" "네."

같이 산 세월이 강산이 한번 변할 정도니까, 몸짓과 눈빛에서 언어를 읽으면서 살아왔다. 하지만 가끔은 잘못 읽어서 불편을 초래하기도 했으리라. 떠나 와서 생각해보니, 잘못이 반성되고 어떻게 하면 더 행복한 삶을 영위하게 할 수 있을까? 그래서 여행은 가슴에 화두를 던져준다.

서쪽으로 기울던 태양이 산 능선에 턱을 받치고, 경포호수에는 신성한 별을 품을 준비를 하고 있다. 빠듯한 일정으로 인해 숙소로 가면서 경포대에서 특장차의 리프트를 내린다.

관동팔경 중에서 최고로 많이 알려진 명소답게 주변은 정갈하다. 엷은 어둠이 묻힌 노송은 객을 반겨주고, 푸른 이끼를 뒤집어 쓴 바위는 기꺼이 제 몸을 해와 달의 배경사진으로 내어준다.

뭔가 이상하다. '망양정', '죽서루', '경포대' 똑같은 정자인데, 왜 끝에 붙는 글자가 다를까? 초록색 창을 연다. '정자亭子', 놀거나 쉬기 위해 주로 경치나 전망이 좋은 곳에 아담하게 지은 집, 부용정 · 송강정 · 면앙정 · 식영정 등. '누樓', 멀리 넓게 볼 수 있도록 다락 구조로 높게 지어진 것, 영남루 · 죽서루 · 촉석루 · 광한루 등. '대臺', 높이 쌓아서 사방을 바라볼 수 있는 곳에 위치한 건물, 경포대 · 의상대 · 소쇄원의 부용대 등. 그밖에 '당堂' · '원園' · '헌軒' · '각閣'이 있음. 내가 볼 때는 별 차이도 없는데, 꼬장꼬장한 선비들께서는 깐깐하게 많이도 구별을 하셨다.

'율곡 이이'가 지었다는 '경포대부'를 비롯하여 '숙종의 어제 시' 및 명사들 글 잔치가 수두룩하다. 그래서 구슬이 서 말이라도 꿰어야 보배라 했던가? 한문이라 아무리 극찬을 해도 읽을 수 없으니 애통하다. 숙소로 향하는 오누이 얼굴에는 별이 총총히 켜지고, 어둠은 태양을 봉인하고 있다. 숙소에서 묵호항의 싱싱한 회로 포식을 하고 내일 있을 여정을 위해 잠을 청한다.

바다가 보이는 펜션에서 아침 커피를 다정하게 마시는 오누이의 대화가 궁금하다. 뜨거운 커피만 후후 불어 마시고 있다. 무슨 말이 필요하겠는가? 이 하늘 아래 하나뿐인 오누인데.

출발 준비를 해놓고 있는데, 소나기가 갈 길을 더디게 한다. 빠듯한 일정이 심장박동을 빠르게 하지만, 쉬어가라는 뜻으로 마음을 바닥에 널브러트린다.

죽서루 바위틈 사이에 흙도 없는데, 소나무 뿌리가 제 집인 양 자리를 튼실하게 잡고 있었다. 오랜 세월의 풍화에도 견딜 수 있었던 이유가 뭐였을까? 생물학적으로 가능할까? 살면서 말로 정의되지 않는 사실을 우리는 기적이라 한다.

4년 전에 해는 생명이 위독했다. 응급으로 목에 관을 삽입해서 기도를 확보하고, 의식회복을 시도했다. 깨어나기를 간절히 바라면서 해의 발치에서 밤을 하얗게 새웠다. 오후쯤에는 의사가 마지막으로 가족을 부르고, 장례준비를 하라고 했다. 믿고 싶지 않았지만 주치의 말을 거역하기에는 나약한 인간에 불과했다. 의식은 없었지만 호흡이 평온해 보였다. 들숨과 날숨을 몰아쉬지 않아서, 아직은 때가 아닌가 보다, 스스로 위안을 삼고 안타까운 시간을 보냈다. 근데 하루, 이틀이 지나면서 의식을 서서히 회복해 갔다. 응급실에서, 중환자실로, 입원실로 옮기면서 한 달 가량 입원하고 퇴원을 했다. 그래서 생명은 누구도 예단할 수 없다는 산 증인이다. 앞으로도 많은 것을 같이 하면서 담대한 삶을 살 수 있도록 동행하고 싶다.

비가 갠다. 산등성이에는 비에 씻긴 수목 위로 구름이 감미로운 선율처럼 퍼져서, 마치 한 폭의 진경산수화 같다. 남쪽에서 북상을 하다보면 수목의 빛깔이 아직은 연둣빛이고, 남쪽에서 진 꽃의 넋이 여기서 다시 피어나는 모습을 볼 수 있다. 같은 하늘 아래 오묘한 자연의 경이에 찬사를 보내고 싶다.

강릉에서 해안도로를 따라 가노라면 전경을 해치는 옥 의 티가 있다. 철조망이다. 철조망의 철 가시는 파도와 모래톱을 얼마나 할퀴었을까? 저 철조망이 고철상으로 갈 즈음에는 관동팔경 중의 두 곳, 고성의 삼일포 · 통천의 총석정을 이 길 따라 갈 수 있겠지.

그날이 속히 와서 오누이와 함께 '신신新新 관동팔경 기행문'을 다시 쓸 수 있기를 학수고대해본다.

양양의 낙산사 경내에는 아름드리 두 그루의 소나무가 대리석 화단에 심겨 있는데, 벽면에는 '길에서 길을 묻다'라고 철학이 새겨져 있다. 길은 떠나고 돌아오기 위해 만들었다고 한다. 그럼 나는, 우리는 떠나고 돌아오면서 길에게 무엇을 물어야 할까? 휠체어의 해는 소나무 철학자에게 말한다.

"나도 걷고 싶어요!"

'불덩이가 솟고, 가슴이 용솟음치는 곳'이라고 낙산 의상대를 수식하고 있다. 마치 오누이의 피 끓는 청춘을 대변하는 것 같다. 의상대는 의상 스님이 중국 당나라에 돌아와 낙산사를 지을 때, 의상 스님의 좌선 수행 처라고 전한다. 홍련암으로 가는 길 해안 언덕 위에 있다. 양양의 낙산사는 정자만 덩그마니 있었던 곳과는 느낌이 다르다. 아마도 천년고찰이라는 유명세 탓이리라. 먼 훗날의 기억 속에 추억하나가 해수관음상처럼 우뚝 솟아오를 것 같다. 천년고찰의 향기를 흠씬 맡으며 길 위의 객들은 다시 길로 떠난다.

청간정은 강원도 고성군 토성면 청간리에 있으며, 남한에서 관동팔경 중에 가장 북쪽에 위치해 있다. 이 정자에 서면, 청간천과 동해가 합쳐지는 합수머리를 볼 수 있다. 그래서 청간정을 두고 '어우당 유몽인' 등 문장가들이 시를 지어 찬양하였고, 조선시대

명필인 '양사언'과 '송강 정철'의 글씨 및 '숙종의 어제 시'를 비롯한 초대 대통령 '이승만'과 '최규하' 전 대통령 글씨도 있다. 한글 창제 이후에는 한글로 글을 지어도 좋으련만……. 예나 지금이나 잘난 사람들은 어리석은 백성을 속속들이 모르기는 매한가진가 보다.

휠체어의 해는 여전히 닭 쫓는 개를 보듯이 목을 길게 빼고, 달은 날다람쥐마냥 날아서 정자에 오른다. 마치 오래전의 시인묵객인 양.

오누이에게 질문을 던진다.

"경치가 어때요?"

"좋아요."

어떻게 좋은지, 다음에 또 오고 싶다는 말은 생략한다.

여행의 백미는 먹을거리다. 관동 팔경에 미美쳤던 시인묵객들은 허기를 글로 채웠겠지만, 오늘 우리는 맛있는 음식으로 영혼을 살찌우리라는 비장한 각오로 속초 중앙시장을 찾았다. 닭 강정 · 새우튀김 · 유명 연예인이 먹었다는 씨앗호떡, 대박 김밥 등을 잔뜩 사서 점심과 간식으로 하고, 마지막으로 평해의 월송정으로 향한다.

상주 영덕 고속도로를 타고 울진에 거의 다 왔을 무렵에, 바다를 향한 아담한 카페가 우릴 맞는다. 정갈한 목조 그네가 오누이의 고단한 여행을 쉬게 한다. 오누이의 포근한 어머니 품처럼 안겨서 어깨동무를 하고, 멀리 후포항을 응시한다. 시원한 커피와 허니브래드의 달콤한 생크림은 입안에서 애교 많은 여인의 윙크 맛처럼 살살 녹고, 오누이의 우애도 감미롭다.

경북 울진군 평해읍 월송리의 월송정은 관동팔경 중에서 용도가 유일하게 다르다. 고려시대 왜구의 침략을 막기 위한 망루로 세워졌는데, 왜구의 침략이 뜸해지자 경치에 반하여 시인묵객이 꽃 찾는 나비모양 날아들었다. 신라시대 화랑들이 울창한 송림에서 달을 즐기며 선유仙遊하였으며, 정철의 관동별곡에서 유일하게 월송정은 읊조리지 않았다. 월송정은 정자의 개념에서 좀 벗어나 보인다. 용도가 달라서였을까? 다른 정자에 비해서 아담하지 않고, 웅장하다는 느낌이 든다. 주변 경관이 금강송의 송림으로 울창하고, 월송정의 시야 따라서 모래밭이 펼쳐져 있다. 숲속의 빈터 같은 느낌이다. 경사는 가파르지 않지만, 평면도로에 돌출된 돌은 휠체어의 걸림돌이다.

월송정에 오른 달은 전생에 화랑이었을까? 아니면 풍류를 즐긴 선비였을까?

해안을 따라 자리 잡은 우거진 소나무 아래 켜켜이 쌓인 솔가리는 세월을 읽게 한다. 일제강점기에 아름드리 소나무는 여지없이 베어지고 지금의 소나무는 수령이 고작 백 년이 채 안 된다고 한다. 해풍에도 끄떡없이 잘 자라서 이 나라 금수강산을 수놓고 있어서 고맙다. 십장생에서 걸어 나와 오누이의 무병장수를 지켜주기 바라며, '신新관동팔경 기행문'의 붓을 놓는다.

답청踏靑

오누이의 답청踏靑은 만연체다. 답청踏靑은, 봄에 파란 풀을 밟는 산책이다. 중국의 청명절에 교외를 거닐며 자연을 즐기던 일에서 유래됐다고 한다. 직역에 따르자면 원내의 잔디밭에서도 충분히 가능하다. 굳이 전남 신안군 증도면으로 먼 길을 떠나지 않아도 된다. 하지만 작년에 동해 관동팔경에 이어 서해 갯벌로, 내가 살고 있는 이 땅과 이 하늘의 아름다움을 피부로 느낄 수 있도록 이라면 답청踏靑이 만연체의 역설일까?

우리가 살고 있는 남쪽에서 서해로 갈수록 만개한 벚꽃이 있다. 남쪽의 산에는 신생의 연둣빛이 자리하고 있지만, 서해의 산에는 겨울의 흔적이 역력히 드러나고 있다. 같은 하늘 아래 살고 있으면서 기후 변화 차이점으로 벚꽃을 두 번이나 볼 수 있으니 이 얼마나 아름다운가!

전남 신안군 증도면을 가기 위해서는 우리가 살고 있는 H군에서 시원하게 뚫린 고속도로 휴게소에서 점심을 해결하고, 여행의 백미인 먹을거리를 충분히 제공하면서 만끽했다.

오누이와의 대화는 항상 단답형이다.

"배 불러요?" "네."

"좋아요?" "네."

해는 평소 생활실에서 오빠의 근황을 물으면 곧잘, "죽었어요." 라고 자주 대답을 했다. 매일 한번쯤은 오빠를 보지만, 잠시라도 시야에서 벗어나면 기억에서도 망각을 반복하고 있다. 그럴 때마다 오빠를 만나서 사실이 아님을 인식시키고 있다.

육지와 바다를 잇는 연육교 덕분에 배를 타지 않아도 되는 섬, 짱뚱어라는 대표적인 생선이 있지만 계절별 다양한 어종은 증도면의 퍼즐 맞추기에도 기여를 하고 있다. 청정갯벌에서 서식하는 백합조개는 백합화만큼 국물에서도 꽃을 피운다.

내륙 깊숙이 살고 있는 우리는 바다를 자주 접할 수 없다. 그래서 우전해안가의 리조트에 여장을 풀었다. 우전 해수욕장 명사십리에는 송림이 울창하여 아름다운 풍광을 숙소에서도 조망할 수 있다.

해의 취향에 맞는 모던하면서도 고풍스런 실내 통나무 탁자에 우아하게 커피를 마신다. 아이러니한 남매의 특성이 있다. 질병의 특성상 손의 떨림이 심하지만, 커피를 마실 때면 진정되는 모습을 보인다. 의학으로는 정의되지 않는 사실이다.

저녁 무렵에는 강풍과 비가 우리를 격하게 환영했지만, 아랑곳 않고 인근 맛 집을 찾았다. 백합탕의 뽀얀 국물이 오누이의 미각을 깨우고, 백합의 쫄깃한 속살을 음미하면서 서해의 맛을 곱씹어본다.

숙소에서 바라 뵈는 밤바다의 어둠은 파도와 실랑이를 벌이고, 우리는 이방인처럼 잠을 청해본다. 이곳이 오누이 삶의 여정 어디쯤인지를 철학하는 꿈을 꾸면서.

내 집마냥 편안한 밤을 보내고, 숙소에서 제공하는 조식을 먹으려고 식당에 갔다. 휠체어의 해에게 나비넥타이를 맨 잘생긴 직원이 친절하게 자리를 안내한다. 해는 답례로 "사랑해요." 하고 하자, 머쓱한 웃음을 보인다. 먹기 좋은 매생이굴국밥을 시켰더니, 입맛에 맞는지 참 맛있게 먹는다.

숙소에서 보는 것과 다른 모습의 우전해안가를 조망하면서, 로비에서 티타임을 가져본다. 테이블에 놓인 럭셔리한 웨딩 잡지책에 집중하는 오누이를 보면서 생각에 젖는다.

비장애인으로 살았다면 결혼해서 학부형이 되었을 나이다. 해는 잠재된 끼가 많아서 권태기에는 풋술에 취해서 남의 남자를 남상거렸을지도 모른다. 그러다가 화들짝 놀라서 아무 일도 없었던 것처럼 다시 삶에 충실하면서 그렇게 늙어갔을까?

달은 건장한 체구로 이목구비가 뚜렷해서 뭇 여인들의 가슴을 설레게 했을지도 모른다. 이 정글과도 같은 현실에서 가족들을 건사하는 일이 결코 녹록하지 않음을 경험하게 될 거고, 말썽을 부리는 아이들 일로 고심하면서 그렇게 늙어갔을까?

때론 삶이라는 고해의 바다에서 허우적거릴 때, 그들의 해맑은 미소가 가끔은 부러웠다면 나는 돌팔매를 맞을까?

오누이와 장거리 여행을 하면서 지천명을 지나고 있는 내 삶 역시 청둥호박처럼 여물어가고 있다. 그들과 함께하고 있음에 이보다 더 감사할 수 없다.

내년에는 해외여행을 계획하고 있다. 오누와 같이 떠나는 해외여행의 여정은 가풀막이 되겠지만, 기꺼이 인내하리라는 비장한 각오를 한다.

숙소에서 가까운 짱뚱어다리를 찾았다. 갯벌 위에 나무판대기가 얼기설기 엮여 있다. 갯벌에 놀러 나온 짱뚱어가 있는지 살폈지만 새끼들만 올망졸망 나와서 이방인들을 바라보고 있다. 해와 달은 멋진 포즈를 취하면서 발자취를 남겨본다.

인근의 문준경 전도사 기념관을 찾았다. 유일하게 교회가 많은 지역, 1000개의 섬이 있다고 해서 '천사의 섬'이라고도 불린다고 한다.

문준경 전도사 일대기를 그림 자료로 보면서, '여자로서 어떻게 저렇게 살 수 있었을까?' '과연 종교의 힘은 뭘까?' 순교의 마침표에서는 감히 하나님이 원망스러웠다. 순교로 천국의 문을 허락하신 하나님의 뜻은 어디에?

해와 달도 겉으로는 덤덤하게 보고 있지만, 분명 가슴속에는 뜨거운 그 뭔가가 꿈틀거렸으리라!

서해의 염전이 바둑판처럼 정교하게 펼쳐져 있다. 눈에 띄는 염부들은 없지만, 염전의 애환을 그린 소설을 많이 봐서일까? 막상 눈앞에 펼쳐진 광경을 보니까 소금 한 알의 소중함이 가슴으로 부각된다. '빛과 소금'이 상생하는 것처럼 '해와 달'이 이런 관계이고, 그들에게 한줄기 '빛과 소금'이 될 수 있음에 여행의 화두에 정점을 찍어본다.

달달한 소금 아이스크림을 베어 먹는 오누이의 답청踏青은 하얀 소금밭에서 푸르름이 짙어간다.

그대의 그런 사람으로

그대 머릿속의 몽글몽글한
언어를 대신 써 줄 수 있는 그런 사람,
시인이어라!

그대 사계절을 만끽할 수 있도록
휠체어를 밀어주는 그런 사람,
벗이어라!

그대 저무는 창가에 나지막히
세레나데를 불러주는 그런 사람,
연인이어라!

그대의 영혼을 닮은
한 떨기 장미를 피우게 하는 그런 사람,
"우리"여라

그대여!
이제는 살아온 날의 말간 아픔일랑 지우고,
새 봄에는 우리의 삶에 답청踏靑을 같이 떠납시다.

박미향 수필집

달비 파는 엄마

인 쇄 2019년 11월 11일
발 행 2019년 11월 15일

지은이 박미향
펴낸곳 수필과비평사
주 소 서울시 종로구 삼일대로 32길 36, 305호(운현신화타워)
전 화 (02)3675-5635, (063)275-4000 **팩스** (063)274-3131
이메일 essay321@hanmail.net, sina321@hanmail.net
출판등록 제300-2013-133호
인쇄·제본 신아출판사

ISBN 979-11-5933-247-0 03810

값 13,800원

이 도서의 국립중앙도서관 출판예정도서목록(CIP)은 서지정보유통지원시스템 홈페이지(http://seoji.nl.go.kr)와 국가자료공동목록시스템(http://www.nl.go.kr/kolisnet)에서 이용하실 수 있습니다. (CIP제어번호: CIP 2019044059)

Printed in KOREA